سلسلة أرشيفات "المركز الدولي للدراسات والاستشارات والتوثيق"

إشراف: ممدوح الشيخ

اللائكية (العلمانية الفرنسية) والإسلام

الجزء ٢

(مادة أرشيفية ٤٠ ألف كلمة)

سلسلة:

أرشيفات "المركز الدولي للدراسات والاستشارات والتوثيق"

إشراف: ممدوح الشيخ

اللائكية (العلمانية الفرنسية) والإسلام

الجزء ٢

عناوين المواد الواردة بالملف

هذه السلسلة

هذا الكتاب إصدار جديد من سلسلة: "أرشيفات المركز الدولي للدراسات والاستشارت والتوثيق — مداد (مصر)"، وستصدر بمشيئة الله بالتتابع في ملفات مقسمة بحسب موضوعاتها. وهي خدمة نقدمها للباحثين والمؤسسات الأكاديمية والبحثية المهتمة بمختلف القضايا العربية. ولاحقاً، بإذن الله نوالي بمشيئته سبحانه وتعالى نشر ملفات قضايا أخرى منها: الهوية، الدولة، الجنس والجسد، ما بعد الدولة، ....، وعشرات القضايا الأخرى. كما ستتضمن ملفاتنا شخصيات وتشكيلات حضارية وثقافية.

والمادة منتقاة بعناية وموثقة.

ويمكن التواصل مع المركز في شأن طلب ملفات بعينها عبر
البريد. **mmshikh@hotmail.com** :

كما يسعدنا تلقي ملاحظاتكم.

نسأل الله أن ينفع بها

مدير المركز (المشرف على السلسلة)

ممدوح الشيخ

مقابلة مع ماجد عكاشة(١)

بقلم: غريغوار كانلورب

١٠ فبراير ٢٠١٧

ما يهمني أكثر من أي شيء آخر هو حرية الفكر. والقرآن إنما يُجرمه. هدفي هو تحذير الشعب الفرنسي. اليوم الذي سوف تصبح فيه فرنسا دولة مسلمة، سيكون من المستحيل تقريبا التراجع .... أينما يُوجد الإسلام، لا تجد إلا صراعات بين الثقافات، ونساء يشعرن بالذنب لأنهن يتمتعن بجاذبية، وحيث يتم التعامل معهن بوصفهن

---

(١) موقع معهد جيتستون – الرابط:
https://ar.gatestoneinstitute.org/9930/%D9%85%D9%82%D
8%A7%D8%A8%D9%84%D8%A9-%D9%85%D8%B9-
%D9%85%D8%A7%D8%AC%D8%AF-
%D8%B9%D9%83%D8%A7%D8%B4%D8%A9
وتم اختصار المادة لتقتصر على ما له صلة بموضوع الملف.

قاصرات كالأطفال ويتعرضن لسوء المعاملة. وفوق كل شيء، انقراض مستمر واختفاء للإبداع والخيال.

يعلن غالبية مسلمي فرنسا وبشكل جيد أنهم سلميون، ولكن الإسلام هو القاسم المشترك الثقافي لجميع الفرنسيين الذين قالوا لي أن رسامي كاريكاتور تشارلي ابدو الذين قُتلوا خلال مجزرة ٧ يناير ٢٠١٥، "كانوا مسؤولين عما لحق بهم".

أُفضل فردية المثل الفكرية والقيم الأخلاقية للحضارة الغربية الحديثة على منظومة "الأخوة العظيمة" الإسلامية التي تجرم الحريات.

بغض النظر عما يقوله مسلمو فرنسا — المتمزقون بين الرموز الثقافية الغربية والقرآن — فإن الغالبية العظمى من المسلمين يشعرون بأنهم أقرب إلى المسلم المتشدد والمتطرف الذي يريد التمسك بمنطوق قوانين القرآن منهم إلى غير المسلم الذي يتجاهل القرآن.

فرنسا وغيرها من الدول في الغرب، تصبح وبصورة متزايدة تدعو للسخرية، فهي ضحية قيمها ومبادئها الأساسية التي يتم استغلالها ضدها. والسياسيون الفرنسيون الذين يحكموننا حاليا ليس لديهم أي اهتمام بالاعتراف أو حل هذه الخلافات.

ليس لدي الرغبة في تقديم تنازلات سياسية للسياسيين الإسلاميين الذين يقدسون كتاباً يؤيد العبودية ويكره ويزدري النساء ويجرم حرية المعتقد.

ماجد عكاشة هو كاتب مقالات فرنسي شاب وُلد ونشأ في فرنسا التي صار يصعب عليه التعرف عليها عاماً بعد عام، بمعنى اختلفت عليه . هو "**مسلم سابق ولكن وطني للأبد**" كما يحب أحياناً وصف نفسه، وهو مؤلف كتاب باللغة الفرنسية عنوانه الحرفي: "**في يوم ما كان هناك إسلام**"، الذي سوف تصدر ترجمته الانجليزية قريباً باللغة الإنجليزية تحت عنوان مختلف. والكتاب نقد منهجي، دونما إصدار أحكام قيمية، للقوانين القرآنية التي تتصف بأكبر قدر من التناقض أو من غياب التناسق والانسجام، وتتصف بعدم الدقة.

- **غريغوار كانلورب: هل يمكن أن تبدأ بالحديث عن ظروف ودوافع تخليك عن الإسلام — وقرارك أن تُمسك بقلمك لكشف طبيعة دينك السابق للناس بوجه عام؟**

ماجد عكاشة: مثل كل الفرنسيين الذين ولدوا ونشأوا في فرنسا في أواخر القرن العشرين، كنت ومازلت محظوظاً لأنني أنتمي إلى أمة مسالمة سمحت لي بالتمتع بالحقوق والحريات التي لم اضطر على الإطلاق إلى أن أقاتل شخصياً من أجلها. منحني أبواي، وهما مواطنان فرنسيان من أصل جزائري دينهما الإسلام، تعليماً دينياً، بهدف أن أكون مسلماً مخلصاً متديناً. كما أنهما وفرا لي تربية مدنية واجتماعية وأخلاقية أساسها احترام فرنسا

وقيمها، على النحو المنصوص عليه في شعارها: **"الحرية والمساواة والإخاء"**.

بدأت الذهاب إلى المسجد في سن الثامنة. الإمام الأول الذي علمني، والذي جاء من بلد أجنبي، كان يمتاز بلكنة فرنسية مثالية، وبابتسامة مرحة كبيرة، وكان حريصاً دائماً على ألا يعطي أوامر لطلابه خارج جدران المسجد. الدورات أو المقررات الدراسية التي أخذتها قادتني وبسرعة إلى أن أرى ما كنت اعتقد أنه نعمة ــ وهو أني ولدت مؤمناً بالدين القادر على انقاذي من الجحيم، وهو الإيمان الذي، وفقاً للقرآن، لن ينقذ إلا المسلمين فقط ــ سوف يصبح أيضاً عبئاً ثقيلاً دائماً.

عندما يكون المرء مسلماً، كل عمل تافه من أعمال الحياة اليومية سوف يُدون ويُكتب ويحاسب عليه، بدءًا من كيفية شرب كوب من الماء عند الاستيقاظ حتى كيفية الذهاب إلى السرير. خضعت واستسلمت لله لتجنب عذاب غضبه في الآخرة؛ أطعت الطقوس والشعائر المقننة التي بدت في بعض الأحيان مضيعة للوقت أو مجرد هراء.

اعتاد أصدقائي من غير المسلمين على الاستماع لي وأن اقول لهم ينبغي علي أن أتوقف عن لعب كرة القدم أو لعب الكوتشينة أو الورق من أجل الذهاب إلى المسجد. هناك، تعلمت أساساً كيفية أداء الصلوات الخمس التي على كل مسلم القيام بها كل يوم، فضلاً عن اتباع القواعد والسنن السلوكية التي لا نهاية لها والتي كان ينظر إليها بوصفها مكارم الأخلاق والفضائل بناء على الصورة الرومانسية للرسول محمد.

ورغم أنني كنت في وسط قطيع منسجم موحد – غارق في التقليد الأعمى لصورة مثالية أو تصور بعيد المنال يفرض التزامات ومحظورات، أوامر ونواهي – لم أكن خائفاً من طرح أسئلة "صعبة".

"لماذا في القانون القرآني ينبغي قطع يد السارق (سورة ٥، آية ٣٨)، لا يقول الله أي يد ينبغي أن تُقطع (اليمنى أم اليسرى)؟ لماذا لم يحدد القيمة الأدنى للسرقة التي لابد من قطع يد السارق فيها؟ سرقة تفاحة لأول مرة في حياة المرء، هل حقاً تستحق أن قطع اليد؟ ولماذا لم يحدد الله العمر الأدنى للسارق الذي ينبغي قطع يده؟ هل مسؤولية صبي يبلغ من العمر ١٢ عاماً ولم يسرق من قبل تكافيء مسؤولية راشد يبلغ من العمر ٤٠ عاماً تكرر قيامه بجريمة السرقة؟"

"لماذا ينبغي على المرء أن يطوف سبع مرات حول الحجر الأسود أثناء الحج ولا يطوف ست أو ثمانية مرات؟"

"يقول النبي محمد في سنته، أن مرور المرأة والكلب الأسود والحمار أمام مسلم يصلي تفسد وتبطل صلاته؛ ولكن، كما جرت العادة في السنة، يصدر محمد حكماً دون أن يوضح لماذا يجب أن يكون الأمر بهذه الطريقة. لشخص لا يؤمن بالإسلام، مثل هذا الحكم أو القول يبدو وكأنه خرافة. لماذا لا يعطي تفسيراً عقلياً، بدلاً من مجرد إصدار حكم عقائدي؟ وإذا كان الله نفسه هو الذي أوحى له بهذا الأمر، لماذا لم يصبح الحديث الذي يذكر هذه القصة النبوية آية من

آيات القرآن الكريم؟ من المفترض أن القرآن هو رسائل من الله على النبي محمد أن ينقلها إلى معاصريه لإطلاعهم عما يتوقعه خالقهم منهم. إذا مرت امرأة على بعد كيلومتر واحد من شخص يصلي، هي تبطل صلاته في هذه الحالة؟ ما هي المسافة القصوى التي تبطل معها الصلاة تماما؟"

"تأثير الدومينو" المنطقي لهذه الأسئلة ليس سوى جزء صغير من العديد من الأفكار التي يمكن، بل ويجب، أن تُبقي على ذهن المرء يقظاً متأهباً — بعيداً عن التلقين المشدد الذي يستحيل معه الشك. لم أسمع على الإطلاق إجابات مرضية لحدود هذا الإسلام الممتليء بالأحكام والقوانين الذي تعهدت دائماً باتباعها، لذلك قررت أن أبحث عنها مباشرة عند الله نفسه. قبل دخول الجامعة بقليل، حاولت أن أفهم الإسلام من وجهة نظر غير منحازة، بدلاً من تعلمه واتباعه بوصفي مؤمن لا يشك ولا يتسائل.

كنت قد قررت قراءة كامل القرآن، من أول إلى آخر جملة أو سورة، وتسجيل الانطباعات، والشكوك، والأسئلة في جهاز كمبيوتر محمول.

......

......

إن القيم التحررية وقيم المساواة التي تتمسك بها فرنسا العلمانية والإنسانية — والتي تعلمت أن أحبها واحترمها — هي التي أعطتني القوة

لرفض الاستسلام للخوف من الابتزاز الذي كان يأتي في صورة الجحيم الأبدي.

أكد كفري بالإسلام خوفي القديم من أنني يوماً ما سوف أرى الشعب الفرنسي يفقد كل تلك الحريات ويفقد أسلوب حياته الذي جعل فرنسا محبوبة ومحسودة في جميع أرجاء العالم. لا ينبغي بالضرورة أن تبدأ أو تنتهي كل الثورات بحمامات الدماء. في الديمقراطية، تستطيع الأغلبية أن تقوم بثورة أو توقف ثورة، دونما فوضى أو حرب. اليوم الذي سوف تصوت فيه الأغلبية الإسلامية في فرنسا لرئيس وأعضاء برلمان قادرين على أن يحددوا لنا جميعاً ما يفصل الحق عن الباطل، والخير عن الشر والعادل والنزيه عن غير العادل، ما الذي سيبقى لنا من خيارات عندئذ؟

لا يمكنك الهروب من المشاكل إلى أجل غير مسمى. عليك محاربتها في وقت ما. ينبغي علي إقناع الحد الأقصى من المعاصرين بأن الإسلام يشكل تهديداً لحقوقنا وحرياتنا الفردية، واخترت القتال بالكلمات، لأن الاتصال (من خلال الكتابة والكلام) هو السلاح الذي يعطيني قوتي. أنا، بقدر ما أعرف، المؤلف الوحيد الذي قدم دراسة نقدية شاملة للجوانب القانونية والفقهية الرئيسية للإسلام، من خلال تناول أخطاء فنية تشوب القوانين ولكن بدون إبداء أي حكم أخلاقي أو قيمي. ولأنه ليس لدي أي محرمات تعاملت مع موضوعات متفجرة: العبودية، الاشتهاء والاعتداء الجنسي على الأطفال، تجريم حرية الضمير والأخلاق والقيم ... وأعتقد أن هذا هو الأسلوب الأكثر فعالية لإثبات ظلامية وغموض وخطر الإسلام

١٥

لأوسع وأكبر جمهور ممكن: فهو تشريع عالمي لا يمكنه التعايش مع من يخالفه فكراً وأفراداً وثقافات.

● **غريغوار كانلورب: هذه النظرة الموضوعية للحدود التقنية للقوانين القرآنية تبدو نادرة. هل من الممكن أن تقوم بنفس العمل مع الكتب الدينية المسيحية أو اليهودية؟**

ماجد عكاشة: بالنسبة للمسلمين، كل جملة في القرآن هي حكاية مؤلفها هو الله نفسه، خالق العالم، القادر على كل شيء، إله كلي العلم والكمال. هذا الله يعلن العديد من القوانين العالمية الصارمة التي لا يحدها مكان أو زمان.

هذه القاعدة أو هذا الأساس يجعل تحليل القرآن أبسط بكثير من تحليل بعض النصوص المقدسة اليهودية أو المسيحية. التلمود يستشهد بالروايات الأصلية والتفسيرات التي قام بها البشر. والأمر متروك ليهود اليوم كي يقرروا ما إذا كان عليهم الالتزام بها أو التشكك فيها. يمكننا أن نقول الشيء نفسه عن العهد الجديد، الذي هو عزيز على المسيحيين.

اليوم، البلدان التي يعيش المرء فيها على أفضل صورة وحال، خاصة إذا كان إمرأة أو مفكراً حراً، هي الدول على وجه التحديد ذات الأصول والجذور المسيحية واليهودية: فرنسا والولايات المتحدة الأمريكية وإسرائيل واستراليا وانكلترا ... هذه البلدان إنما تدافع أكثر من أي بلد مسلم عن

الحريات الفردية للأضعف من الناس ولأكبر مساحة وتنوع من الناس. وإذا أراد مسلم أن ينتقد آية أو فقرة تعبر بصراحة عن إزدراء وكراهية النساء في الكتاب المقدس أو التوراة على سبيل المثال، فهو خير له!

أحكم على الشجرة من ثمرها. بالنسبة لي، فإن نقد المسيحية أو اليهودية لن يكون سوى هواية فكرية. إلا أن نقد الإسلام هو مسؤولية سياسية لأن "**شجرة المعرفة**" تلك يبدو أنها إنما تؤدي إلى الفوضى أينما تتأصل جذورها. في فرنسا، أينما تكون المسيحية واليهودية هي القوة الثقافية السائدة، يمكن للمرأة أن تتجول بسلام أكثر من أي مكان آخر، ويستطيع المفكرون من أمثالي أن يكفروا ويعلنوا عن كفرهم بحرية. هل سمعت عن مسيحي أو يهودي سابق في القرن الـ ٢١ يضطر للاختباء لأنه انتقد دينه السابق؟

● **_غريغوار كانلورب: أنت تصر على تذكير الجميع بتفشي أسلمة ديموغرافية الشعب الفرنسي، وأن قدرة المسلمين يوماً ما على أن يصبحوا أغلبية الناخبين إنما يُعرض فرنسا لخطر الأسلمة. ومع ذلك، فإن غالبية المسلمين الذين يعيشون هناك اليوم يبدو أنهم يمارسون شعائرهم الدينية بطريقة معتدلة ومتسامحة وسلمية._**

ماجد عكاشة: إن أنت أجريت مقابلات فردية مع المسلمين الفرنسيين واحداً تلو الآخر أمام الكاميرا، فإن الغالبية الساحقة منهم سوف تتكلم بكل احترام وفخر عن الشعارات التي تعزز حقوق الإنسان. وسوف يتحدثون عن الحرية والمساواة والسلام. تعلن غالبية المسلمين الفرنسيين وبشكل عام عن طبيعتها السلمية، ولكن لا يزال الإسلام هو القاسم المشترك الثقافي لجميع الفرنسيين الذين قالوا لي أن رسامي الكاريكاتير بـ **تشارلي ابدو** الذين قتلوا خلال مذبحة ٧ يناير ٢٠١٥، **"هم الذين جلبوها لأنفسهم وسعوا إليها"**.

موضوع آخر: تسمح الآية ٣٤ من سورة ٤ من القرآن للرجال بضرب زوجاتهم — اللواتي يخشى الزوج من عصيانهن. عموماً، عندما أتحدث مع مسلم يقول لي أنه، وفقاً للقرآن، النساء لسن بكائنات أقل شأناً من الرجال، أتسائل: **"هل تحرم الآية ٣٤ من سورة ٤ من القرآن أم تسمح بضرب الزوجة الناشز أو العاصية؟"** بقدر ما أستطيع أن أتذكر، لم يجب أي مسلم بأن هذه الآية تمنع أو تحرم على المسلمين ضرب الزوجة الناشز. لم أجد سوى محاولات لتقليل أو إخفاء أهمية هذا الأمر.

أنا لا أستطيع أن أحصي عدد المسلمين الذين قالوا لي أنه ينبغي على الأزواج المسلمين ضرب زوجاتهم برفق أو ضربهن بعصا خشبية صغيرة مثل المسواك (غصين تنظيف الأسنان). يمنع القانون الفرنسي ضرب الزوجة **"العاصية أو الناشز"**. إن ضرب الزوجة "الناشز" "برفق" يظل ضرباً، ويظل مهيناً لكرامتها.

بغض النظر عما يقوله مسلمو فرنسا — وهم ممزقون بين القيم والمباديء الثقافية الغربية من جهة والقرآن من جهة أخرى — فأغلبية المسلمين يشعرون بأنهم أقرب إلى المسلم المتشدد ويودون التمسك بمنطوق وكلمات قوانين القرآن منهم إلى غير المسلم الذي يجهل أو ينكر القرآن. هناك أحاديث وخطب تُقال وهناك وقائع. عندما يحكم البلد المسلم حاكم مسلم متشدد أو متطرف، لا تقم ثورة تُطيح به لصالح حاكم يؤيد ويدعم حقوق الإنسان. لقد كان محمد مرسي الإسلامي المتشدد ضحية إنقلاب عسكري، لم يكن سقوطه على يد ثورة شعبية. عندما تقع الثورات الشعبية في العالم الإسلامي، فهي تُطيح بالدكتاتوريين والطغاة المستغربين (يخطون خطى الغرب)، مثل معمر القذافي في ليبيا وبن علي في تونس.

لا يتحقق السلام بالإدعاءات، وإنما بالأفعال. إن أسوأ الأماكن للعيش في العالم عندما يكون المرء ملحداً أو إمرأة هي بالتحديد البلدان التي يكون فيها الإسلام القوة الثقافية المسيطرة والمهيمنة. تتحول المجتمعات المسلمة إلى مجتمعات دكتاتورية وسلطوية وقمعية وقسرية بسبب الطبيعة الإلهية المقدسة التي يمنحها المسلمون إلى القرآن، والذي هو بالأساس يؤيد العبودية ويحتقر ويكره المرأة ويعادي ويدمر الحرية.

● غريغوار كانلورب: عندما يتعلق الأمر بفهم الأسلمة الزاحفة بمعنى أسلمة قوانين وأعراف اليمقراطية الفرنسية، ما الذي تراه من أعراض الهيمنة الإسلامية في المقام الأول؟

ماجد عكاشة: بعيداً عن الخطب السياسية، ينبغي عليك فقط أن تستمع للناس وهم يصفون المشاكل، التي، لم تكن، موجودة في، فرنسا منذ خمسين عاماً فقط، إلا أنها أصبحت تتزايد ويتكرر حدوثها. معظم المسؤولين المحليين الذين يخطبون ود أصوات المسلمين في الانتخابات المحلية إنما كانوا ينتهكون مبدأ الفصل التام بين الدين والدولة، العلمانية، والذي هو لا يزال في فرنسا أساس ميثاق الاستقرار بين المواطنين من ذوي الثقافات المختلفة. المساجد تظهر في كل مكان، في كثير من الأحيان بأموال دافعي الضرائب في فرنسا. أصبحت **شجرة عيد الميلاد** التي كان من المعتاد أن أراها في طفولتي هناك في مدرسة رياض الأطفال التي كنت أذهب إليها، أصبحت اليوم تؤذي الإيمان الديني لبعض الناس، وأدعك تخمن من هم.

واليوم أيضا، المسيحيون، والملحدون، واللاأدريون من الفرنسيين، من الذين يتناولون الطعام أو يشربون في الطرقات والشوارع خلال شهر رمضان، يمكن أن يعترضهم البعض، وأحياناً بعنف، بدعوى أنهم يظهرون عدم احترام لمشاعر المسلمين، عندما يقدمون على تناول شطيرة أو شراب في الأماكن العامة في وضح النهار. على المسلمين الذين يدعون أنهم دعاة سلام وجمهوريين أن يطهروا صفوفهم أولاً، على الأقل بالإقدام على الاعتراف بأن بعض المشاكل إنما تأتي بشكل منتظم تقريباً من أناس يدعون نفس الانتماء الديني. لم أسمع أبداً أن فرنسياً كان قد اشتكى من أو استهجن استخدام الهاتف أو قيادة المركبات يوم السبت.

٢٠

في الوقت الحاضر، في فرنسا، عندما نقترب من قضية الأسلمة في ضوء ما تعلمناه من تجاربنا السابقة، يمكن للمرء أن يلاحظ بوضوح أنه في الأحياء التي كان الإسلام فيها هو القوة الثقافية المهيمنة لعدة أجيال، لا وجود **"للعيش معاً في وئام"**. عندما يهيمن الإسلام على بعض مناطق فرنسا من التي لم يتم أسلمتها كثيراً، فإن الغالبية من غير المسلمين الذين لديهم ما يكفي من وسائل وقدرة مالية قد لاذوا بالفرار.

السياسيون الفرنسيون الذين يحكموننا حالياً ليس لديهم مصلحة في الاعتراف بهذه الخلافات أو حلها. طريقة **"فرق تسد"**، وتأليب الناس ضد بعضهم البعض في الانتخابات يسمح لهؤلاء المسؤولين ويساعدهم على الحفاظ على مواقعهم. وهي حيل تحول أيضاً انتباه الفرنسيين بعيداً عن الفشل في حل الأزمة الاقتصادية.

● *غريغوار كانلورب:* المذهبيون ورؤساء الدول في العالم الإسلامي في كثير من الأحيان إنما يعرضون الإسلام بوصفه الحل في مواجهة الانحلال المادي الذي يرون أنه يقود الحضارة الغربية إلى موتها. كتب سيد قطب، المرشد الروحي لأسامة بن لادن، في عام ١٩٦٤، في كتابه معالم على الطريق: "البشرية اليوم على حافة الهاوية ... والعالم الغربي يدرك أن الحضارة الغربية غير قادرة على تقديم أي

قيم سليمة لتوجيه البشرية ... الإسلام هو النظام الوحيد الذي يمتلك هذه القيم وطريقة الحياة تلك". كيف تردون على هذا الاتهام بالإباحية والنزعة الاستهلاكية والفردية في المجتمعات الغربية؟

ماجد عكاشة: في بعض الأحيان يتكون لدي انطباع بأن قادتنا لا يشعرون بالعار وهم يدافعون عن أهدافهم الأخلاقية بوسائل غير أخلاقية. فتحت ذريعة محاربة "**التطرف الإسلامي**"، على سبيل المثال، فإن العديد من السياسيين لدينا يودون من **العلمانية الفرنسية** أن تفسح المجال لنظام يعترف قانونياً واجتماعياً بنسخة للإسلام، "**تسيطر عليها الدولة**" تُعلي السلطات العامة من شأنها وتروج لها وتمولها.

الإسلام الوحيد الذي يمكن أن تعترف الدولة الفرنسية الحالية به سوف يكون من الواضح ديناً يُعرفه مؤسسه، الرسول محمد، بأنه دين مسالم ومتسامح. المسلمون يتزايدون في فرنسا ويمثلون وزناً انتخابياً، لذا إذا أخذنا في الاعتبار الرأي العام، فإن اعترافنا بأنهم يعبدون إلهاً إن رأى أنك لا تؤمن بالإسلام اعتبر ذلك جريمة من شأنها أن تقذف بك في الجحيم الحارق إلى الأبد، مثل هذا الاعتراف سوف يكون بمثابة قنبلة تنطلق دون داع ولا هدف وإنما تدمر وتخلق حالة من الفوضى.

فرنسا وغيرها من الدول في الغرب هم وبشكل متزايد ضحايا مفارقة ساخرة قاسية، حيث يتم استغلال قيمهم ومبادئهم المؤسسة ضدهم. أنا مدافع عن حرية العقيدة والمساواة بين جميع البشر، بغض النظر عن الجنس أو

لون البشرة أو الدين. ولكن أنا لا أريد من الحفاظ على هذه المثل العليا والدفاع عنها أن يتطلب ويستلزم أن تمتلئ كتب المدارس العامة التي يقرأها الأطفال الفرنسيون بالدعاية ضد الإسلاموفوبيا (كراهية الإسلام).

وسائل الإعلام والنظم السياسية، القادرة على كل شيئ في فرنسا، يصعب عليها إنكار الحقائق المزعجة. ولكن يبدو أنها تفضل الكذب والمزيد من الكذب. بالأمس، قيل لنا أن **"غزو المهاجرين المسلمين هو خيال يميني متطرف"**. اليوم، نسمع أنه **"على أي حال، هم هناك بشكل دائم، لا نستطيع أن نفعل شيئاً لأن هناك الآن الكثير جداً منهم، لذا علينا أن نحسن التعامل معهم من أجل تجنب حرباً أهلية"**.

ليس لدي الرغبة في تقديم تنازلات سياسية للسياسيين الإسلاميين الذين يقدسون كتاباً يرسخ العبودية ويؤيدها ويكره ويحتقر النساء ويجرم حرية المعتقد. من جانبي أنا أفضل وأؤيد فردية المثل الفكرية والقيم الأخلاقية للحضارة الغربية الحديثة على النظام الإسلامي أو منظومة **"الأخوة الكبرى"**. أنا أفضل حرية ممارسة الجنس قبل الزواج؛ حرية عدم الإيمان بأي دين وحرية تغيير الدين، وحرية السخرية من الجبارين، ويشمل ذلك السخرية من الجبارين الأبديين في دين الإسلام (مثل الله ومحمد).

• **غريغوار كانلورب: يبدو أن الإسلام يتشكك في هذا النوع من الحريات التي نشعر أنها تقوي مجتمعنا. الإسلام يشبه**

الدولة التي حولت مواطنيها إلى عبيد للنظام الشمولي، ولكن تبع ذلك الاستعانة بقوة رابطة الدم وقوة الترابط القائم على قتل الآخرين. على المدى الطويل، لم يحقق لينين وهتلر وموسوليني في مشاريعهم الاستبدادية ما حققه محمد من نجاح. كيف تفسرون أن الإسلام قد تمكن من فرض نفسه في وجه المجتمعات الغربية لأكثر من ألف سنة، بينما انهارت الأنظمة الفاشية والأنظمة السوفيتية في أقل من قرن من الزمان؟

ماجد عكاشة: كانت كل من النازية والشيوعية الشمولية في الاتحاد السوفياتي تحت قيادة رجال غير معصومين يتعرضون للهزائم العسكرية والخيانات التي لم يتمكنوا من التنبؤ بها وضبطها، وفي نهاية المطاف تعرضوا للموت. الإسلام هو الشمولية التي يرأسها الإله الأبدي، الذي لا يمكن أن يُهزم أو يُخضع، من وجهة نظر المسلمين، القرآن كتبه الله الكامل والقاهر والعليم أو كلي العلم، الذي يفرض، بوصفه صاحب قوة وسلطة التشريع السامية العليا، قوانين صالحة لكل زمان ومكان — حتى يوم القيامة. الإسلام هو الشمولية الأكثر كفاءة وقدرة في العالم: من المستحيل التغلب على إله الإسلام الذي لا وجود له. ما لا وجود له لا يمكن أن يُخسر ولا يمكن أن يموت.

غريغوار كانلورب: شكراً لك على وقتك. هل ترغب في إضافة أي شيء آخر؟

ماجد عكاشة: ما يهمني أكثر من أي شيء آخر هو حرية الفكر، تلك التي يجرمها القرآن، الذي يُرسل إلى الجحيم الأبدي كل أولئك الناس من غير المسلمين. طبيعة أي بلد إنما يحددها الناس الذين يعيشون بها، وأسلمة فرنسا هي حقيقة يقل عدد من ينكرها يوما بعد يوم. أنا لست ساذجاً: على أساس من إحصاءات الولادة والهجرة سوف يصبح الإسلام هو دين الأغلبية في فرنسا.

أدعو الشعب الفرنسي أن يحكم على شجرة الإسلام على أساس من الثمرة التي تنتجها في الواقع. أينما يهيمن الإسلام ثقافياً، لن تجد سوى صراعات بين الثقافات؛ ونساء يشعرن بالذنب لأنهن جميلات وجذابات واللاتي يتم التعامل معهن بوصفهن ناقصات عقل ودين ويُساء إليهن؛ وفوق كل شيء، انقراض مستمر للإبداع والخيال. القلة النادرة من الفنانين والعلماء في العالم الإسلامي الذين تمكنوا من التفوق والتميز وعرف عنهم العالم بأسره كلهم تلقوا تعليماً غربياً، يعلو كثيراً على الفرص التي كان وطنهم قادراً على منحها لهم، حيث أن الأخيرة لا تعطي أي إمكانية للتميز.

لم يعد الفرنسيون، الذين يخشون من أسلمة فرنسا من خلال السياسة أو الحرب، قادرون على التزام الصمت. الوضع حرج. يجب علينا أن نتكلم وأن نفعل. اليوم الذي تصبح فيه فرنسا دولة مسلمة، سيكون من المستحيل تقريباً التراجع أو العودة للماضي. أولئك الذين ينتظرون سراً

ويحلمون ويتمنون من وراء الأبواب المغلقة، وهم لا يفعلون شيئاً، لا يحق لهم الشكوى عندما يصبح حقهم في التزام الصمت واجباً عليهم.

ماجد عكاشة، مؤلف كتاب "كان هناك دين اسمه الإسلام" ... يود أن يشكر شركات مثل غوغل وتويتر، والتي تتيح لأكبر عدد من الناس أدوات مجانية تعزز تنوع الآراء وحرية التعبير بطريقة لم تستطع وسائل الإعلام الفرنسية القيام بها..

غريغوار كانلورب: صحفي، يعيش حالياً في باريس. بينما يتعاون حاليا مع الكاتب الشهير هوارد بلوم، أجرى العديد من المقابلات لمجلات مثل: الرجل والاقتصاد، التي أسسها الحائز على جائزة نوبل الاقتصادي رونالد كوس، ومؤسسات البحث وحل المشاكل مثل معهد ميزس.

كتاب .. "الإسلام والعلمانية" من منظور فرنسي(٢)

٢٧ أغسطس، ٢٠١٦

القاهرة: داليا عاصم

صدر عن **دار الساقي** كتاب جديد للباحث في الشؤون الإسلامية أوليفيه روا بعنوان: **"الإسلام والعلمانية"** وترجمه للعربية صالح الأثمر، يناقش فيه عبر ٤ فصول تقع في ١٧٤ صفحة، مفهوم **العلمانية الفرنسية** وكيفية تعارضها مع الأديان بشكل عام والإسلام بشكل خاص.

---

(٢) مجلة المجلة اللندنية — الرابط:

http://arb.majalla.com/2016/08/article55255141/%D9%8
3%D8%AA%D8%A7%D8%A8-
%D8%A7%D9%84%D8%A5%D8%B3%D9%84%D8%A7%D9%
85-
%D9%88%D8%A7%D9%84%D8%B9%D9%84%D9%85%D8%
A7%D9%86%D9%8A%D8%A9-%D9%85%D9%86-
%D9%85%D9%86%D8%B8%D9%88%D8%B1-
%D9%81%D8%B1

وينتقد المؤلف حملة الترهيب غير المبرر من الإسلام في المجتمع الفرنسي، ويؤكد أن مسألة العلمانية هي قضية الفصل بين الدائرة الدينية والدائرة السياسية على صعيد المجتمع، لافتاً إلى أن العلمانية تنشأ بمرسوم تصدره الدولة التي تنظم **المجال العام** وأنها لا تنبذ كل ما هو ديني بالضرورة؛ فهي تحدد إمكانية رؤية الديني في **المجال العام.**

يذهب "روا" إلى أن العلمانية في فرنسا لها خصوصية لا تفهم، سواء في بريطانيا العظمى حيث يمكن للموظفين ارتداء الحجاب، أو بالولايات المتحدة الأميركية حيث لا يمكن لرئيس أن ينتخب من دون أن يتكلم عن الله. فالدولة الفرنسية تقصي الديني إلى ما وراء الحدود التي رسمتها بحكم القانون. والعلمانية على الطريقة الفرنسية قامت ضد الكنيسة الكاثوليكية، لكنها ليست ضد الديني بشكل عام.

يفند الكتاب مفهوم العلمانية وبدايتها في فرنسا منذ عام ١٩٠٥ حين أقر قانون الفصل بين الدين والدولة، إلا أن كلمة العلمانية لم تظهر إلا في دستور عام ١٩٤٦ بصفتها مبدأ دستورياً تترتب عليه نتائج قانونية؛ لذا **فالعلمانية الفرنسية محددة بواسطة نصوص القانون.**

ويقول "إن العلمانية الفرنسية تنطوي على خوف من الإسلام، بل وتحاول تدجينه، لكنها ومع ذلك سمحت بإنشاء المجلس الفرنسي للديانة الإسلامية عام ٢٠٠٢"، لافتاً إلى أن تقبل الإسلام في أوروبا به عناصر تتعارض مع الإطار الثقافي العام، مثل: مسألة الحجاب، والذبح الحلال.

عالم الاجتماع الإيطالي المتخصص في العلمانية في العلمانية لـ "التجديد": فرنسا تعرف أزمة هوية.. والحجاب استعمل كبش فداء لإعادة اللحمة الداخلية(٣)

بلال التليدي

٢٠٠٨/٤/٩

تتجلى أهمية هذا الحوار في كون المحاور هو من السوسيولوجيين المتخصصين في العلمانية ومتابعة أنماط التدين وميولات المسلمين الدينية في أوروبا، بالإضافة إلى كونه لا يحمل أي عداء مذهبي للعلمانية. فمن خلال تتبعه للمفهوم ومسار التجربة العلمانية في فرنسا يسجل أوميرو أهم الأسئلة والنقاشات التي رافقت مسار العلمانية وطورت صيغها القانونية، كما يناقش قضية الحجاب من وجهة نظر أخرى تطرح الأسئلة العميقة على العلمانية

<hr>

(٣) نقلاً عن: جريدة التجديد المغربية – الرابط:
https://www.maghress.com/attajdid/40778

الفرنسية، ويكشف في هذا الحوار كيف استطاعت نفسية الخوف من أن تجعل الهوية الفرنسية – الغائبة – حاضرة في تحديد المواقف اتجاه الحضور الإسلامي بعيداً عن الآليات والقواعد المنصوص عليها في قانون الفصل.

● بصفتك متخصصاً في العلمانية، هل يمكن لكم أن تحددوا مفهوم الديمقراطية في فرنسا ومسار تشكل هذا المفهوم؟

عندما نتحدث عن العلمانية في فرنسا، نكون في صلب المرجعية القانونية، فالعلمانية في فرنسا هي تعبير عن حالة قانونية، بمعنى أن الدولة الفرنسية لا تعطي لنفسها الحق في التدخل في الشؤون الدينية، بل ولا تسمح لنفسها حتى أن تعرف ما يدخل ضمن المجال الديني وما لا يدخل ضمنه.

فالدولة الفرنسية تترك الحرية الكاملة للمؤسسات الدينية لتدبير شؤوها. هذا هو التحديد القانوني الذي تؤطره المادة الثانية من قانون الفصل.

لكن، هذا الاعتبار القانوني المحدد، لا يمنع من طرح أسئلة فلسفية حول العلمانية في فرنسا. وأهم سؤال يبرز في هذا المجال هو: ما نوع العلاقة التي تحكم علاقة الدولة بالمؤسسات الدينية؟ وللإجابة عن هذا التساؤل، نشير إلى أن فرنسا عرفت تاريخياً ثلاث اتجاهات لمقاربة هذا التساؤل:

– الاتجاه الراديكالي: وهو الذي كان يتبنى الفهم الاستئصالي للعلمانية، ويعتبر أن تصفية المضامين الدينية وإقصاء البنية التحتية للتدين في

المجتمع، واستئصال الحضور الديني من الفضاء العام هو طريق التمكين للعلمانية.

– اتجاه التوافق: وهو نظام بمقتضاه تسيطر الدولة على المؤسسات الدينية وتوظفها، لكن مع إعطائها حق تدبير بعض الشؤون العامة (الصحة والتعليم..).

– اتجاه الفصل بين الدولة والمؤسسات الدينية: وهو الاتجاه الذي يسمح للمؤسسات الدينية بحقها في التنظيم، لكن دون أن يعطيها حق السيطرة على المجتمع.

● لكن، كيف تطور مسار التجربة العلمانية في فرنسا إلى أن استقر على صيغة الفصل؟

ابتداء من النصف الثاني من القرن التاسع عشر، توجهت الأسئلة بشكل أساسي إلى المؤسسة التعليمية. فمع ظهور الإمبراطورية الفرنسية الثانية، والتي أعطت للمؤسسة الدينية دوراً كبيراً في مجال التربية والصحة، بدأت مجموعة من المدرسين يبلورون رؤية حول تربية المواطن، وكان هدف هذه الدينامية هو ألا تبقى المؤسسة التعليمية خاضعة للمؤسسة الدينية ولا لأي سلطة غير ديمقراطية. وفي هذا السياق بالذات، ستظهر ولأول مرة كلمة لائكية مع فردينان بيوسان على أن الحدث الذي سيكون له تأثير كبير على

تبلور الفكرة اللائكية هو هزيمة فرنسا أمام ألمانيا سنة، ١٨٧٠ إذ انطلاقاً من هذا التاريخ سيبرز مفهومان متقابلان للمواطن:

— المفهوم الأول: وهو الذي يفسر سبب هزيمة فرنسا بكون المواطن الفرنسي لم يكن يحمل ما يكفي من الوعي الديني.

— المفهوم الثاني: وهو الذي يرجع هزيمة فرنسا أمام ألمانيا إلى الحضور الديني في وعي المواطن الفرنسي. وكيف تم حسم الاختيار في اتجاه المفهوم الثاني؟ مع الجمهورية الثالثة (١٨٧٠ /١٩٤٠) سيجد المفهوم الثاني صدى أكبر، إذ ستنضج شروط خاصة ستسمح بالحديث عن مشروع حقيقي لنزع صلاحيات الكنيسة الكاثوليكية في (التعليم والصحة) وبشكل خاص في التعليم.

● **ماذا تقصدون بشروط خاصة؟**

تقاطعت رؤى كل من التيار اليساري وتيار داخل **الحركة الماسونية** معروف بعدائه للدين، وتيار يدعى الفكر الحر، فتمت بلورة الفكرة اللائكية، وستبرز طبقة سياسية ستعمل تدريجياً على إقرار العلمانية. وفي هذا السياق ستمضي فرنسا في اتجاه اعتماد نظام الفصل.

● **قلتم إن العلمانية في فرنسا هي حالة قانونية، كيف تم إذن تأسيس مقاربة الفصل قانونياً؟**

نظام الفصل تم بناؤه على قانونين كبيرين:

— الأول: قانون ١٩٠١ المتعلق بتنظيم الجمعيات، وقد جاء أصلاً للقضاء على الجموعات الدينية باعتبار حضورها القوي وبخاصة في المجال الاقتصادي والتربوي. وقد نتج عن تطبيق هذا القانون هجرة ما يزيد عن ٥٠ ألف منتسب لهذه الجمعيات. وقد كان لهذه الهجرة الكبيرة أثرها على النقاش الفكري والفلسفي في فرنسا، إذ طرح السؤال على الاتجاهات الثلاثة حول وظيفة السياسي، وهل يدخل ضمن دوره استئصال المؤسسات الدينية؟

• وقد نتج عن هذه النقاشات ظهور مجموعة من تيار الفصل تحملت المسؤولية في إعداد قانون الفصل ١٩٠٥. بماذا يتميز هذا القانون عن سابقه؟

ينطلق هذا القانون من مبدأين:

— الأول: القضاء على هيمنة المؤسسات الدينية وتقليص نفوذها على المجتمع.

— الثاني: إعطاء الإمكانية للمؤسسات الدينية للتنظيم بكل حرية في إطار هذا القانون. بأي معنى؟ القانون سوف يسمح للهيئات الدينية بتدبير صلاحيات معينة في مجال التربية والتعليم لكن في ظل الاحترام الكامل لقانون ١٩٠٥ وعلى سبيل المثال صار من الممكن إقامة الشعائر الدينية في

المؤسسات الخاصة، وصار جائزاً تنظيم بعض الدروس الدينية بهذه المؤسسات، لكن شريطة أن تحترم برامج التعليم المقررة.

● نريد أن نتعرف على الطريقة التي تعاملت بها الطبقة السياسية مع قانون ١٩٠٥؟ هل كان يحكمها الضابط القانوني؟ أم أن الاعتبار السياسي كان يتدخل في تكييف التعامل هذا القانون؟

ينبغي الإشارة في هذا الصدد إلى أن البنود القانونية المندرجة ضمن قانون ١٩٠٥ هي بنود مرنة تقبل تفسيرات متعددة، فلو نظرنا إلى المادتين التاليتين:

١ — الجمهورية تضمن الممارسة الحرة للشعائر الدينية.

٢ — الجمهورية لا تعترف ولا تمول ولا تدعم أي دين. سنجد أن الجمع بين المادتين يطرح بعض المشكلات، ذلك لأن السؤال الذي يفرض نفسه هو: كيف يمكن أن نضمن ممارسة الشعائر الدينية وفي نفس الوقت لا ندعم أي دين؟ فهذا السؤال يسمح بطرح أسئلة كثيرة تولد عنه مما له صلة بتطبيق النصوص المندرجة ضمن هذا القانون. ولقد كانت الطبقة السياسية على وعي تام بما تطرحه هذه النصوص من إشكالات، ولذلك كانت دائماً منفتحة في قراءتها لهذه النصوص، ودليل ذلك أن هذه النصوص عرفت ثلاث عشرة تعديلاً لعل أهمها هو إعطاء الجماعات المحلية الإمكانية للتدخل في

المباني التابعة للمؤسسات الدينية قصد الإصلاح والصيانة والحفاظ عليها، وهو ما يعني أن السلطات السياسية تعمل على توفير شروط ممارسة الشعائر الدينية، وهو ما كان دائماً سبباً في بروز توترات بين الفرقاء السياسيين حول قراءة نصوص قانون ١٩٠٥.

● إذا أردنا أن نضع مشكلة الحجاب ضمن هذا السياق. فبأي تكييف قانوني تم منع الحجاب سنة ٢٠٠٤ من المؤسسات التعليمية؟

أولاً، ينبغي أن نتفق على أن الحجاب إنما تم منعه في المدارس العمومية وليس الخاصة، وفي المراحل التعليمية ما قبل الجامعة. ولماذا بالضبط المنع داخل المؤسسات التعليمية العمومية؟ أول منع للحجاب سجل في فرنسا كان سنة ١٩٨٩ في إحدى الإعداديات. لكن هذا المنع لم يتم إقراره من قبل جوسبان، لكن سوف تعرف فرنسا سلسلة من النقاشات وعلى مراحل متعددة حول المنع، وسيترجح خيار المنع بناء على الاعتبارات الآتية:

— طبيعة تصرفات بمجموعة من التلاميذ الذين رفضوا الحضور في بعض المواد الدراسية مثل اللغة الفرنسية والتاريخ والرياضة بحجة أن ذلك يتعارض مع الإسلام.

— كانت هناك تصرفات من بعض الأفراد المرتبطين بجماعات راديكالية في المستشفيات والمصالح الاجتماعية تركت الانطباع لدى الفرنسيين بأن المسلمين يسعون لفرض آرائهم واجتهاداتهم الدينية على المجتمع الفرنسي.

— الوضعية العالمية ودور الإعلام الفرنسي في ربط القضايا الإسلامية بما يجري على أرض الواقع في البلاد الإسلامية الأخرى (نموذج أفغانستان) وقد تضافرت هذه العوامل الثلاث، ودفعت الفاعلين في فرنسا للضغط على الطبقة السياسية من أجل إقرار المنع. بمعنى أن قضية الحجاب لم يتم تكييفها قانونياً، وإنما تدخل الاعتبار السياسي فحسم في الأمر؟ رسمياً يقدم الأمر على أساس أنه تطبيق وتنفيذ لمقتضيات اللائكية الفرنسية، لكن من الضروري أن نشير إلى أن فرنسا تعرف اليوم أزمة هوية حقيقية، ومن الواضح أن الحجاب استعمل ككبش فداء لإعادة اللحمة الداخلية للوعي الوطني الفرنسي.

● **ما هو تقييمك لهذا القرار بوصفك أحد المتخصصين في العلمانية في فرنسا؟**

في اعتقادي لقد تم ارتكاب خطأين كبيرين، في الوقت الذي نعترف فيه بان هاته المحجبات هن فرنسيات ويتمتعن بكامل حقوق المواطنة، نعتبر أهن لا يحملن نفس القيم التي يحملها المواطنون الفرنسيون، وفي الوقت الذي نعتبر فيه الحجاب نوعا من أنواع الاستلاب، نحرم هاته الفتيات من حقهن في

الولوج إلى المؤسسات التعليمية التي من المفترض أن تكون الأداة لتحريرهن من الاستلاب. فواضح أن قرار إخراجهن من المؤسسات التعليمية سيصب في اتجاه ترسيخ هذا الاستلاب، وليس في معالجته.

● كيف تفسر إذن هذا الارتباك في التعاطي مع مشكلة الحجاب بين القانوني والسياسي، وبين ما يظهر كدفاع عن العلمانية وما يعتبر كحماية للهوية الفرنسية؟

هناك تخوف شديد من أن يدفع الإسلام إلى إعادة النظر في مفهوم العلمانية في فرنسا خاصة وأن فرنسا تعيش أزمة هوية حقيقية، ذلك أن هناك قراءات إيديولوجية للإسلام تعتبره وسيلة لتضييع مكتسبات ناضل من أجلها المجتمع المدني والسياسي على السواء. وعلى سبيل المثال هناك جمعيات نسائية ترى أن الحجاب يتعارض مع مطلب حرية الجسد الذي ناضلت من أجله هذه الحركات سنوات طويلة.

● في نظرك ما هي الأعطاب التي تعاني منها العلمانية الفرنسية؟

إلى الآن ليس هناك في فرنسا من يطرح إعادة النظر في قانون الفصل، لكن هناك على الأقل مشكلتان مطروحتان على اللائكية في فرنسا:

— الأولى: عندما كان ساركوزي وزيراً في الداخلية، عبر عن فكرة تعديل قانون الفصل وبصفة خاصة الشق المتعلق بتمويل البنايات التابعة للمؤسسات الدينية، وقد أثارت فكرته نقاشاً كبيراً في فرنسا إلى درجة أن التيار العلماني اتهم ساركوزي بالمس بـ **العلمانية الفرنسية**.

— المشكلة الثانية: الآن في فرنسا، نلاحظ حضوراً قوياً للمؤسسات الدينية في الفضاء العمومي، فالكنيسة تقدم آراءها في قضايا الشأن العام، وتحظى بعضوية العديد من اللجان الأخلاقية (البيئة والصحة والتغذية). هذا الحضور اليوم الذي تسجله الكنيسة في الفضاء العمومي يزعج بعض التيارات اللائكية في فرنسا والتي تريد أن يكون هناك غياب تام لهذه المؤسسات الدينية. والسؤال الأساسي الذي يظل يطرح اليوم على اللائكية في فرنسا هو كيف يمكن للفرد أن يمارس هويته الدينية داخل المجتمع الفرنسي بكل حرية؟

● تحدثتم عن العلمانية في فرنسا، وعن نظام الفصل، هل هناك صيغة واحدة للعلمانية في أوربا أم أن لكل سياق تجربته العلمانية الخاصة به؟

هناك في أوربا ثلاث أنظمة للعلمانية:

— نظام كنائس الدولة: ويوجد هذا النموذج في السويد والنرويج بحيث تكون هذه الكنائس خاضعة للدولة، وتوجد وزارة تدبر الشأن الديني

وترسم السياسات الدينية، وبشكل عام يوجد هذا النظام في الدول البروتستانتية.

— نظام التوافق: وهو عبارة عن اتفاق بين الدولة والمؤسسة الدينية المعترف بها تحظى بمقتضاه المؤسسة الدينية ببعض الصلاحيات في تدبير الشأن العام مثل التربية والتعليم والصحة وغيرها، ويوجد هذا النموذج في ألمانيا. وتحظى هذه المؤسسات الدينية بدعم مالي من الدولة.

— النظام الثالث: نموذج الفصل وقد عرفنا تفاصيله في التجربة **العلمانية الفرنسية**. لكن هذه النظم الثلاثة لا تمنع وجود تفاصيل في كل بلد من بلدان أوربا، بحيث يكون للسياق الخاص دوره في تكييف بعض التفاصيل، ففي انجلترا مثلاً، هناك تمييز واضح بين الرموز الدينية والرموز الثقافية، فيتم قبول الرموز الثقافية ولا يتم التساهل مع الرموز الدينية في المؤسسات التعليمية، وقد حصل نضال كبير من طرف المسلمين في انجلترا لاعتبار الحجاب كرمز ديني وثقافي في نفس الوقت.

قوّاص: تحييد الملك الدين عن السياسة أعاد هيبة الدولة(⁴)

محمد قوّاص

السبت ١٢ يوليو ٢٠١٤

لطالما استسلم الباحثون لحقيقة خضوع الثقافة السياسية عند المسلمين للدين وسُنَنِه. في ذلك أن العلاقةَ بين الإسلام والعباد تختلفُ عن تلك بين الأديان الأخرى، السماوية والوضعية، وناسها. فالإسلام دينٌ ودنيا، والإسلام عقيدةُ حياة وآخرة.

في تاريخ العالم المسيحي، تبوأت الكنيسة، الكاثوليكية — البروتستاتنية غرباً، والأرثوذكسية شرقاً، موقعاً محورياً في حياة الحكم وسلوك الحكام. استظلّ الحاكم دائماً بشرعية سماوية تمنحه يقيناً يقيه تشكيك المشككين. اختلطت مرامي الكنيسة بين ما هو طهراني إيماني وما هو مرتبطٌ

____

(⁴) نقلاً عن جريدة العرب اللندنية — الرابط:

https://www.hespress.com/orbites/235630.html

تم اختصار المقال والمنشور هنا (حرفياً) ما له صلة بموضوع الملف.

بيوميات الحكم وأجندته. استدعى أمرُ العلاقة بين الكنيسة والحكم تواطؤا ماكيافيليا، لكن أيضاً، تنافراً وصداماً يفسّرُ تاريخ الانشقاقات الكنسيّة الكبرى.

حسم العالم المسيحي، بليبرالية عقائدية وبماركسية عقائدية، أمر العلاقة بين الدولة والكنيسة. وسواء تباين شكلُ القطيعة بين الحكم والكنيسة، من حالةِ **العلمانية الفرنسية**، مروراً بحالة الشيوعية الشرقية، انتهاء بحالة الليبرالية الغربية، فإن الثابت أن الكنيسة دفعت ثمَنَ تطوّر النظام السياسي العالمي لجهة إعادة تعريف الرابط بين الدين والدولة، وحسمه بوضوح لمسألة العلاقة بين الدولة والمواطن.

لم يشاركْ العالم الإسلامي في الجدلِ الذي دار حول موقع الدين في الحياة العامة. فمسألة: "**الحاكمية**" بقيت لدى المسلمين بمجالَ نقاش بين ما هو إلهي وما هو بشري، وبقي الإسلام محرّكاً محورياً في سلوك الحكم والحاكم، بما في ذلك لدى الأنظمة التي ادعت علمانية، أو زعمت بعداً قومياً يسارياً.

على أن هيمنةَ الدين على السياسة لم تأتْ فقط من سطوة يُمارسها الدعاةُ ورجال الدين والمؤسسة الدينية على الحكم، بل، في أكثر الحالات، جاءت وليدة استدعاء الحاكم للدين رداً على صعود اليسار في موسم رواجه، أو مداراة لصعود الأصولية في فترات ازدهارها الراهن. وربما يعود تمكّن الدين من السياسة والحكم أو المنافسة في شأنهما، إلى دعم مؤسسات الحكم وتمويلها وتأييدها وتواطؤها هنا وهناك.

استعانَ الغربُ بالإسلام لمقارعة الإلحاد الشيوعي. راجت أثناء الحرب الباردة تحالفات جمعت عواصم الغرب بالعواصم الإسلامية، كما جمعتها بالجماعات والتيارات الدينية. أنِسَ الغرب في تلك الفترة لصعود الإسلاميين وحرّضَ عليه، لرد **"الاختراقات"** اليسارية العلمانية القومية التي انتشرت في المنطقة. وبالتالي فإن التصاق الدين بالدنيا والحكم، لم يتجذر بسبب دينامية دينية ذاتية فقط بل، على الأغلب، بسبب اشتغال قوى الحكم الدولية والمحلية على تثبيت الإلهي المقدّس وتأكيد شرعيته.

....

....

الدين في المجال العام .. تصورات حول العلمانية ودعوة للمراجعة(⁵)

١٦ فبراير ٢٠١٥ م

الرباط: د. خالد يايموت

(⁵) جريدة الشرق الأوسط اللندنية – الرابط:
https://aawsat.com/home/article/290421/%D8%A7%D9%
84%D8%AF%D9%8A%D9%86-%D9%81%D9%8A-
%D8%A7%D9%84%D9%85%D8%AC%D8%A7%D9%84-
%D8%A7%D9%84%D8%B9%D8%A7%D9%85-
%D8%AA%D8%B5%D9%88%D8%B1%D8%A7%D8%AA-
%D8%AD%D9%88%D9%84-
%D8%A7%D9%84%D8%B9%D9%84%D9%85%D8%A7%D9%
86%D9%8A%D8%A9-
%D9%88%D8%AF%D8%B9%D9%88%D8%A9-
%D9%84%D9%84%D9%85%D8%B1%D8%A7%D8%AC%D8%
B9%D8%A9

تثير المقاربة الرائجة في الفكر السياسي العربي والإسلامي المعاصر للعلمانية، من حيث التبني، والرفض، أو من حيث الدراسة التفسيرية، أو النقدية النادرة الوقوع أكاديمياً، تساؤلات بحثية عدة.

فمن جهة أولى: يظهر أن تطور خبرة الفلسفة السياسية العربية في تقييم نفسها، بعيداً عن الأهواء الآيديولوجية، ما زال ضعيفاً جداً.

ومن جهة ثانية: نلاحظ أن الفكر السياسي العربي المعاصر حاول، منذ منتصف القرن العشرين، إيجاد أصالة تعويضية لتبرير استبعاده الخبرة التاريخية الإسلامية. في الوقت الذي بقيت فيه هذه الخبرة مصدراً للمعرفة الجامعة للمجتمع، وتعبيرا عن المدركات والتقاليد المعرفية، كما صاغتها جهود المدارس المختلفة ضمن النسق العام المشترك للأمة العربية الإسلامية.

ومن جهة ثالثة: نجد أن البحث عن نظام سياسي يعبر عن تميز نموذجي وخصوصية عربية إسلامية، مستقل تمام الاستقلال عن **"القيم الإنسانية الحضارية العليا"**، هو أقرب إلى الخيال منه إلى الواقع، والوعي الاجتماعي.

في هذا الإطار نطرح موضوع العلمانية، وارتباط الدين بالمجال العام. وعلينا أن نقر أن الحديث عن السلطة السياسية الحديثة، من منظور علم الاجتماع السياسي، يفيد بما لا يدع مجالاً للشك أن استبعاد القيم الدينية وطردها من المجال التداولي للسلطة السياسية أنتج المأزق الحالي للعلمانية في **"الغرب"**؛ المندرج بدوره ضمن مأزق الحداثة، وتنامي فلسفة البعديات. دون

أن يعني ذلك انحصار الفكر السياسي العلماني الغربي، نظراً لتعدديته، وقدرته الذاتية المهمة على انتقاد أطروحاته المعرفية، وتجديدها، وتجاوزها حتى.

فإذا كانت ما بعد الحداثة تتحدث عن غياب المركز، والمرجعية، فإن ما بعد العلمانية تتحدث عن أزمة وفشل إنساني قيمي للعلمانية؛ لذلك يطرح بروفسور السياسة **بجامعة وستمنستر، جون كين**، ضرورة تجاوز العلمانية التقليدية، وتناقضاتها الداخلية، المفضية لقبول الاستبداد السياسي. كما تحدث كبير فلاسفة الغرب الحاليين، يورغن هابرماس، عن حضور الدين في المجال العام، ودعا لإيجاد صيغة تصالحية بين الديني والدنيوي معرفياً وعملياً، معتبراً أنه **"لا بد أن يكون كل المواطنين أحراراً في تقرير إن كانوا يرغبون في استخدام لغة دينية في المجال العام أو لا. فإن رغبوا في ذلك فإن عليهم قبول أن محتويات الحقيقة المحتملة في الملفوظات الدينية لا بد أن تترجم إلى لغة مقبولة على نطاق واسع قبل أن تتمكن من شق طريقها إلى أجندات البرلمانات، أو المحاكم، أو الهيئات الإدارية وتؤثر في قراراتها"**. (قوة الدين في المجال العام؛ ٢٠١١ ص ٥٩).

ورغم أن فرنسا هي وليدة مدرسة متطرفة من العلمانية، فإنها لم تعد خارجة عن دائرة المراجعات المعرفية للعلمنة وعلاقتها؛ فقد بدأ النقاش حول العلمانية يشهد تطورات سريعة خاصة مع ما طرحه فيلسوف العلمانية الفرنسية جون بيبيرو من أفكار مثيرة في هذا الصدد تتعلق بضرورة مراعاة العلمانية لما هو سوسيولوجي، خاصة أن المجتمعات الغربية تعددية بالأساس.

وهذا يقترب من طرح المؤرخ مارسيل غوشيه، الفيلسوف الفرنسي الذي يشغل حالياً مدير الدراسات **بمعهد الدراسات العليا في العلوم الاجتماعية**؛ حيث أكد أن حضور الدين في المجال العام حقيقة تاريخية لا يمكن القفز عليها، بل إن هذا الحضور يعود حالياً للحياة المعاصرة بصيغ متعددة. ومع تلاشي نظرة العلمانية التقليدية الميتافيزيقية ودورها، يأتي دور المجتمع المدني لتجاوز صرامة النظرية التقليدية للدولة الحديثة المعلمنة.

من جهته، أعاد أستاذ العلوم السياسية الفرنسي باربيه بأطروحة المعالجة لهذا الإشكال خلخلة جزء من المسلمات حول العلمانية من الناحية التاريخية والسوسيولوجية؛ فقد أعاد تصنيف الدول الأوروبية الحالية لثلاث دوائر؛ الأولى: سماها الدول غير العلمانية، وهي إنجلترا، الدنمارك واليونان. والدائرة الثانية: دول نصف علمانية، وهي ألمانيا، بلجيكا، هولندا، لكسمبورغ، وآيرلندا. فيما أطلق على الدائرة الثالثة دولاً شبه علمانية، وهي البرتغال، إسبانيا، وإيطاليا.

ويمكننا كذلك أن نشير لانتقادات ريمون بودن، عضو **أكاديمية العلوم الأخلاقية والسياسية الأوروبية**، لطروحات دوركهايم الخاصة بالدين؛ حيث أكد أن الدين يرتبط أساساً ووجودياً بالقيم وليس بالكنيسة، كما كان دوركهايم يعتقد. وهذا ما يجعل من وجوده حقيقة سوسيولوجية، ويجعل من الحل العلماني عاجزاً عن فك الارتباط القائم بين الدولة والدين، إلا بسيطرة السلطة الزمنية على الدين، ووضعه تحت هيمنة تصورها الوضعي.

وبما أن الفكر الفلسفي الغربي يسير على سكة النقد و"**المراجعات الذاتية**" (لا أريد هنا استحضار مفكري ما بعد الحداثة المتطرفين)؛ فإن معالجة إشكالية الدولة الحديثة، في العالم العربي، تستوجب البحث عن حداثة بديلة، والتأسيس للعملية التحديثية بالتخلي عن الأسس الفلسفية الكلاسيكية للحداثة، أو ما يسمى بعصر التنوير المستبطن للعداوة تجاه كل ما هو ديني. وبالتالي فإن الأخذ بمناهج جديدة في الفكر المعاصر، وإحياء الجانب الفقهي والفلسفي الإيجابي من التراث الإسلامي، سيساعد على تجديد بنية الثقافة، والفكر السياسي العربي، فيما يخص علاقة الدين بالدولة والسياسة.

ومن شأن الاستعاضة عن مبادئ الحداثة المدعية للعقلانية والإطلاقية ... بنظرية: "**القيم الإنسانية الحضارية العليا**"، تحويل أنظار المسلمين باختلاف شعوبهم، والعرب خاصة، إلى إمكانية تحقيق التغيير الضروري دون التضحية بالجوهر الديني، والأخلاقي المشكل للقاع الثقافي، والمنغرس في الذهنيات السائدة في الاجتماع العربي تاريخياً.

فالحديث عن مشروعية العلمانية في الواقع العربي، يجب أن ينطلق من نظرية القيم المجتمعية الحاضنة، ومن سعة المرجعية الإسلامية، وتعدد مدارسها الفكرية الاجتهادية. بغير هذا المسلك، فمن الراجح أن يتحول الطرح العلماني العربي إلى مجرد نقاش طبقي وتأزيمي؛ لن يحقق إلا النظر إلى التجربة الغربية كنموذج للخلاص والتقدم، وتقديسها كنمط واحدي لبلوغ الحداثة السياسية وتحقيق التنمية، خارج دائرة القيم العربية الإسلامية.

٤٧

ولعل أخطر ما أدى إليه هذا المسلك، هو تعاظم أزمة الثقة بين النخبة المتغربة وسائر المواطنين، مع تمكين موجات الاستبداد من الهيمنة على المجتمع، مما يساهم بدوره في استنبات موجات جديدة من التطرف والعنف الديني الدموي. وليس من الواضح عربيا أننا في الطريق للخروج من هذا المأزق الذي يمس السياسة كتصورات معيارية، وكممارسة سلوكية ذات أبعاد سوسيو/ قيمية.

فمقولة حدود السياسي والديني وتقلبات هذا الأخير اجتماعياً، يطرح على العلمانية سؤالاً يستمد مشروعيته من قيم القانون الطبيعي نفسه. فالمنطق السياسي العلماني وعد بتحقيق السعادة، انطلاقاً من حبس الديني **"في غرفته"** الشخصية؛ لكن السياقات الاجتماعية وما نشهده من حراك مستمر بالغرب، تجعل من النظام السياسي العلماني نظاماً مستمر التنظيم، ويساهم فيه فاعلون اجتماعيون وسياسيون، بعض أطراف هذا التشكيل المجتمعي (الأحزاب المسيحية والكنيسة، والمثقفين الإيمانيين ..) لا يفصل الدين عن الدولة بالمفهوم الكلاسيكي المعروف على الأقل.

وبالتالي، فإن القول بالعلمانية يستوجب التمييز بين مجالين اثنين:

المجال الأول: نظري واتخذ طابعاً فلسفياً واحدياً، حاول التأكيد عبر أدبياته على إمكانية فصل الدولة عن الدين (وهو شيء لم يتحقق في أي دولة، بما فيه الدول الشيوعية).

المجال الثاني: تطبيقي سياسي، وفيه تم تعديل الطابع الفلسفي المعياري؛ فالدولة **العلمانية الفرنسية** غير النموذج البلجيكي واليوناني، غير الإنجليزي، وهذا الأخير يختلف عن الأميركي والهندي.

ولا بد كذلك من الإشارة إلى أن نشر التصورات العلمانية منذ عصر الأنوار ترافق مع عملية تمويه معرفية كبيرة، (تناقش حالياً في الفكر الفلسفي الغربي)، تخفي جانب التسلط والإكراه باسم القانون، مورست ضد المجتمع والدين ومؤسساتهما، وكذا تجاه المعتقدات المستقلة عن الدولة. وهذا بدوره شكل تحدياً آخر لما تحققه الديمقراطية نفسها من تداول للسلطة؛ حيث يتم النظر للديمقراطية حالياً في النظرية السياسية الغربية المعاصرة، باعتبارها نظرية لا تعبر بتاتاً عن حل مطلق. فمهما بلغ تطور الحكم الديمقراطي، فإنه يبقى نظاماً سياسياً، ينظم واقعاً سوسيولوجياً لا يمكن تحقيق الانسجام التام داخله، باسم المواطنة أو بغيرها.

وفي الوقت الذي أخذ فيه المفهوم العلماني للعلمانية يتطور، ظلت الكتابات العربية تطرحه من زاوية تقليدية متمحورة حول المفهوم نفسه، ومدى انتسابه إلى العلم والعالم، وانطباقه مع الدنيوية ... فكانت بذلك عقدة المفهوم مؤشرا على غموض التصور العلماني العربي المعاصر، وعجزه عن تحدي الواقع السوسيوتاريخي، الذي يتقبل التمييز بين الديني والسياسي، والمتصدي لمقولة الفصل بين الدولة والدين، أو بين الدين والحياة العامة للأمة المجتمعية.

وإذا كان الغرب اليوم يتحدث عن ما بعد الديمقراطية (انظر كتابات هبرماس على سبيل المثال) ونزع القداسة عن ماهية العلمانية. فإن ما يلاحظ أن هناك جموداً كبيراً على مستوى فكر العلمانية العربية، سواء "**العلمانية السياسية المعتدلة**"، أو "**العلمانية العقائدية**"؛ حيث تكتفيان بتعريفات وطروحات آيديولوجية عامة للسلطة، منقولة في الغالب، تحقق الراحة النفسية، وتعكس رؤية غير دقيقة للموضوع، فغالباً ما نجدها تمثل كل متوهم غير واقع.

وتبعاً لذلك، يحتاج مصطلح العلمانية وأطروحاته للسلطة، إلى تعريف جديد ومراجعة، على ضوء منظومة القيم المجتمعية العربية الإسلامية، مع تفصيل لغاياته بشكل يحدد المرجعية العليا، والمفاهيم وتطوراتها التاريخية. فواقع الدولة الحديثة يفند القول بأن إشكالية علاقة الدين بالمجال العام متجاوزة في العالم الغربي المعاصر، والدولة الحديثة.

*** أستاذ العلوم السياسية في جامعة محمد الخامس**

الفجوة بين العلمانية الفرنسية والأمريكية(⁶)

٢٣/ ٣/ ٢٠١٤

الضيف: دينيس لاكورن، أستاذ زائر في جامعة ستانفورد

المحاور: كوري غولدمان، قسم العلوم الإنسانية في جامعة ستانفورد

في مقابلة أجرها كوري غولدمان من قسم العلوم الإنسانية في **جامعة ستانفورد** مع دينيس لاكورن، أستاذ زائر في **جامعة ستانفورد**، حول الاختلاف بين النهج الفرنسي والأمريكي في طريقة تطبيق العلمانية، أكد الأخير أن **العلمانية الفرنسية** تركز على إقصاء المهاجرين من منطقة شمال إفريقيا وتحاول فرض قوانين للتضييق عليهم مثل قوانين منع ارتداء "**البرقع**" في الأماكن العامة.

(⁶) مجلة البيان اللندنية — الرابط:

https://albayan.co.uk/RSC/print.aspx?id=3262

وتساءل غولدمان أثناء حديثه مع ضيفه، قائلاً: "تمنع القوانين الفرنسية ارتداء الرموز الدينية مثل البرقع والطاقية اليهودية في المؤسسات التي تديرها الدولة كالمدارس العامة. يبدو هذا وكأنه علاج العلمانية حقاً للفصل بين الكنيسة والدولة، إلا أنه سيكون من الصعب أن نتخيل قانوناً مماثلاً في الولايات المتحدة. لأي شيء تنسب أنت الاختلاف في تفسير العلمانية؟".

يجيب لاكورن بأنه ليس هناك شيء عالمي، فلم يتسامح جون لوك مع الكنيسة الكاثوليكية أو الملحدين؛ وكذلك **المحكمة العليا** في الولايات المتحدة في **قرار رينولدز** الشهير لم تتسامح مع تعدد الزوجات على النحو الذي مارسه **المورمون** (طائفة نصرانية)؛ ولا تزال المحاكم الاتحادية تحظر أحد المعالم الدينية في الفضاء العام وهو مشهد المهد، وعرض الوصايا العشر، والصليب اللاتيني الكبير.

ويضيف لاكورن قائلاً: "**تركز فرنسا على الممارسات الدينية للمهاجرين الجدد الذين تصفهم بأنهم "خطرين"، ومتلاعب بهم من قبل قادة " الأصولية"، وتعتبرهم تهديداً لحريتها المثالية، ومن أبرز تبعات قرارات محاربة الرموز الدينية، قرار خاص بحظر الحجاب الإسلامي، والنقاب في الأماكن العامة والمدارس**".

بدوره يقول غولدمان موجها حديثه لـ "لاكورن"، "في ظل وجود صراعات مبادئ خلف المعارك الاجتماعية والسياسية بين النخب

العلمانية والزعماء المتدينين: هل الحرية الدينية متوافقة تماماً مع مبدأ المساواة بين الرجل والمرأة؟ وهل البحث عن تصور مشترك للمجتمع الجيد متوافقة مع المعتقدات الدينية؟، وهل يمكن أن يكون التسامح بلا حدود كما تصور بيير بايل في القرن ١٧؟".

يوضح لاكورن قائلاً: "إن الدساتير الأمريكية والفرنسية تفسر **طبيعة الفصل بين الكنيسة والدولة "العلمانية"، إلا أن كل دولة وكل أمة تطبق أيديولوجية مختلفة خاصة بها"**، مشيراً إلى أن العلمانية في فرنسا هي: حياد الدولة، ورفض الكنيسة، واحترام حرية الضمير وجميع الأديان الموجودة، وهذا يشير إلى عدم وجود فوارق بين المجتمعين. ولكن حدود التسامح ليست متشابهة. على سبيل المثال، نحن لا نحظر الرموز الدينية في الأماكن العامة، وننظم بعض الممارسات الدينية.

وفي فرنسا على سبيل المثال، لا تحظر القوانين والمحاكم الفرنسية ارتداء الحجاب الإسلامي في المدارس العامة وحجاب الوجه في الأماكن العامة. لكن هذه القوانين لا تنفذ دائماً، وتعتبر مثيرة للجدل وتثير سؤال حول وجود نموذج **"عدواني"** للعلمانية يختلف عن النموذج الموجود في الولايات المتحدة.

يعاود في هذا الحوار غولدمان طرح سؤال آخر مهم حول أسباب الخلاف الفرنسي الأمريكي في ظل توافق كبير بين **"القيم المسيحية"** من

جهة و**"القيم الفرنسية والأمريكية"** من جهة أخرى، قائلاً: إذا كان الأمر كذلك، لماذا يختلفان؟

ويجيب لاكورن قائلاً: يبدو أن هناك تشابهاً واضحاً بين المجتمعين، حيث يساوي الكاثوليك المحافظين في فرنسا القيم المسيحية مع **"القيم الفرنسية"**، وقبل كل شيء يشددون على أهمية القيم الأسرية التقليدية. وفي هذا الإطار تبلورت معارضتهم الشديدة لمشروع القانون الجديد الذي يجيز **"زواج المثليين"** بغض النظر عن الميول الجنسية. وفي يناير من هذا العام، تظاهر ما يقرب من ٦٠٠ ألف من الكاثوليك المحافظين في الشارع ضد قانون الحكومة الفرنسية.

ويتابع حديثه قائلاً: على صعيد آخر، هناك في فرنسا حزب اليمين العلماني (**الجبهة الوطنية**) الذي يرأسه حالياً مارين لوبان. وهو بديل عن اليمين المتطرف في فرنسا، ولا يعير للدين اهتماماً، وعلى العكس يهتم بالعلمانية والدفاع عن الهوية الوطنية الفرنسية ويدافع عن العلمانية القوية كأداة لمحاربة الهجرة، وبوجه الخصوص الهجرة من دول شمال أفريقيا. أما الظاهرة الجديدة فهي دفاع اليمين عن العلمانية، وهو مصدر رئيسي لإحراج اليسار الفرنسي، الذي رأى نفسه كأفضل مدافع عن التقاليد الفرنسية العلمانية.

وفي سياق حديثهما يحاول كوري غولدمان التعرف على المواقف الفرنسية الداخلية تجاه الأمريكيين منذ تولي الرئيس الأمريكي باراك أوباما رئاسة البلاد، وهل أثر الأخير في تغيير الصورة النمطية عن الأمريكيين هناك،

فيجيب لاكورن قائلاً: "**إن الرئيس أوباما الأكثر شعبية في فرنسا، ما يقرب من ٨٠ %** من الفرنسيين سيصوتون له إذا أتيحت لهم الفرصة! **ولا يمثل حقاً الواقع الفرنسي الجديد** أياً من النخب التقليدية، أو البيض، أو **الكاثوليك** أو العلمانية أو مجتمع المهاجرين، حيث تختفي الديانات التقليدية بسرعة؛ ويسود مجتمع تعددي عرقياً ودينياً، ويمكن لمجتمع مثل هذا أن يجد صلات قوية مع رئيس الولايات المتحدة الأسود أكثر من الصلات التي يجدها مع الرؤساء الفرنسيين البيض".

ويضيف أن المجتمع الفرنسي لا يعتبر واعياً حول العرق كنظيره المجتمع الأمريكي، ويجب أن نذكر أن باراك أوباما نفسه "**أميركي أفريقي**"، وهي الفئة التي اختارته في الانتخابات. وبالنسبة للفرنسيين، الذين يمنعون استخدام الفئات العرقية في الانتخابات أو التعداد، يعتبر أوباما ببساطة فرد متعدد الأعراق، كالعديد من الفرنسيين الشباب. إنه بالنسبة لهم "**واحداً منهم**".

وفي نهاية الحوار الذي نشره موقع "**سينس بو**" يقول غولدمان لضيفه الزائر في **جامعة ستانفورد**، يحب نقاد الأخبار أن يقارنوا بين المواقف الفرنسية والأمريكية تجاه التسامح الديني. هل هناك وجهة نظر مهمة تتجاهلها وسائل الإعلام عادة؟

يجيب لاكورن قائلاً: إن وسائل الإعلام الفرنسية والأوروبية تميل إلى التركيز على **الاستثناء الأميركي** أي ما يجعل أمريكا مختلفةً حقاً عن

المجتمعات الأوروبية. وهناك انطباع سطحي أن "**كل شيء ديني**" في الولايات المتحدة. كما لو أن مبدأ الفصل بين الكنيسة والدولة لم يكن موجوداً. وعندما تعهد أوباما بالولاء للدستور — وهو حدثٌ علمانيٌ — وضع يده اليسرى على **الكتاب المقدس**، مثل معظم أسلافه. ولنكون أكثر دقة قال إنه وضع يده على اثنين من الأناجيل: إنجيل لنكولن وإنجيل مارتن لوثر كينغ. وهذا ما يجعل العناوين الرئيسية في الصحف الأوربية، تقول بأن الولايات المتحدة هي ليست في الحقيقة جمهورية، وأن الدستور الفدرالي هو حرفياً "**دستور ملحد**" كما يزعم المؤرخ إسحاق كارمنك.

المصدر:

http://www.sciencespo.fr/ceri/en/content/burqas-veils-secularism-and-tolerance-gap-between-france-and-us

في العلمانية المؤمنة: محاولة في تحرير العلمانية من العقيدة العلمانية(⁷)

محمد جمال باروت (باحث سوري، مدير مشروع سورية ٢٠٢٥)
مجلة شرق نامه، العدد السابع، يناير ٢٠١١.

(⁷) نقلاً عن: مجلة شرق نامه – الرابط:
https://sources.marefa.org/index.php/%D9%81%D9%89_
%D8%A7%D9%84%D8%B9%D9%84%D9%85%D8%A7%D9%
86%D9%8A%D8%A9_%D8%A7%D9%84%D9%85%D8%A4%
D9%85%D9%86%D8%A9:_%D9%85%D8%AD%D8%A7%D9%
88%D9%84%D8%A9_%D9%81%D9%89_%D8%AA%D8%AD
%D8%B1%D9%8A%D8%B1_%D8%A7%D9%84%D8%B9%D9
%84%D9%85%D8%A7%D9%86%D9%8A%D8%A9_%D9%85
D9%86_%D8%A7%D9%84%D8%B9%D9%82%D9%8A%D8%
AF%D8%A9_%D8%A7%D9%84%D8%B9%D9%84%D9%85%
D8%A7%D9%86%D9%8A%D8%A9

تنقسم الورقة إلى أربعة أقسام هى على التوالى: فى التمييز بين العلمانية **والعقيدة العلمانية**، فى تحرير تاريخ العلمانية من المتخيّل العلمانى، فى الاستقبالات العربية، مصطفى السباعى رائد العلمانية المؤمنة، ويتناول القسم الخامس والأخير الالتباسات والأسئلة.

أولاً: في التمييز بين العلمانية والعقيدة العلمانية

لا يمكن مقاربة مفهوم العلمانية وتفحص مصائره اليوم من دون نزع المتخيّل **"الفكروي"** عنه فى تاريخ الأفكار، وإعادته إلى تاريخه الاجتماعى — الاقتصادى، والثقافى — السياسى. وفى هذا المجال تبرز الإشكالية التالية التى لا يمكن تحقيق أى تقدمٍ فى تلك المقاربة من دون محاولة حلّها. وهي إشكالية التمييز بين العلمانية (Laicite) أو (Secular) والعلمانوية أو **العقيدة العلمانية** (Laicisme) أو(Secularism) بوصف أن هذا التمييز يمثّل مفتاحاً أساسياً فى فهم تطورها ومصائرها.

ففى حين يحيل المفهوم الأول إلى سيرورة (Processus) تقوم على ما يمكن تسميته بالزمنية أو الدنيوية أو **"دنْيوة"** العالم، التى تتسم بطبيعتها الديناميكية المفتوحة والمتنوعة والمتطورة، والتى شهدها ويشهدها وسيبقى يشهدها الاجتماع البشرى بدرجاتٍ مختلفةٍ تبعاً لمستوى تطور كل مجتمعٍ وطريقة معالجته إشكاليات العلاقة بين الدينى والزمنى، وتنظيمها المؤسسى فى الفضاء الاجتماعى، فإن المفهوم الثانى يحيل إلى مذهبٍ أو عقيدةٍ يمثّل فى نسخه الصلبة نوعاً مما يسميه مؤرخو الأديان بـ **"الأديان البديلة"**.

وتبعاً لذلك يمكن وصفه بـ "**العقيدة العلمانية**" التى تتسم بما تتسم به عموماً المعتقديات الصلبة من طبيعةٍ مغلقةٍ. وبكلامٍ آخر يغلب على المفهوم الأول سمات المفهوم الإجرائى بينما تغلب على المفهوم الثانى سمات المفهوم المعيارى أو (المعتقدى). مع ذلك ليست عملية التمييز بين هذين النوعين من العلمانية يسيرةً، إذ يتسم مصطلح العلمانية بحمولته المعتقدية الكثيفة التى تزيد من التباس التمييز بين العلمانية والعلمانوية، ولا سيما أن المصطلح المستخدم فى الحقل التداولى هو مصطلح العلمانية وليس العلمانوية أو **العقيدة العلمانية**، ولهذا يفضل البعض ترجمة مصطلح (Laicite) أو (Secular) بـ "**الدنيوية**"، فى محاولةٍ لتخليص دلالته من تلك الشحنة المعتقدية الثقيلة والكثيفة فى مصطلح العلمانية.

تتكثف هذه الشحنة فى ارتباط مفهوم العلمانية بدلالتها المعتقدية بفكر التنوير الفرنسى فى القرن الثامن عشر وبفتوحات العقل الوضعى فى القرن التاسع عشر، التى صاغت الروح **العلمانية الفرنسية** بشكل خاص. وهو ما يفسر شيوع الارتباط بين **العلمانية الفرنسية** وبين مفهوم العلمانية ومصطلحها، وهو الارتباط الذى فرضه تاريخها الراديكالى فى فرنسا، مع أن **العلمانية الفرنسية** هى نمط من أنماط العلمنة يتسم بالراديكالية وبقوة فصله التام بين الدين والدولة، نتيجة تاريخ الصراع الطويل الحاد والخاص بين الراديكالية الفرنسية وبين سلطة الكنيسة الكاثوليكية. مما يعنى فى المقابل أن العلمانية هى أوسع من أن تنحصر فى النموذج الفرنسى، لكن هذا النموذج فرض نفسه وما يزال يفرضه على كافة مناقشات مفهوم العلمانية ومصطلحها

وتاريخها، بحكم قوته ونمذجته وتمأسسه وقوة التحديات التى يواجهها في مرحلة ما بعد عصر التنوير. وفى هذا الإطار يمكن التمييز بين علمانية الديار البروتستانتية وبين علمانية الديار الكاثوليكية.

ويتنمذج ذلك فى المؤشر المؤسسى الشكلى العام فى فصل فرنسا التام بين الدين والدولة، وفى ترؤس ملكة بريطانيا للكنيسة الانغليكانية. ليست العلمانية بالشأن المبسط والواحد الذى لا يمكن تكويره عند المعنى الفرنسى الراديكالى، بل هى شأن بالغ التعقيد والتنوع يتمنع على أى مفهوم تمامى، وهو ما يعنى النزول من حقل الإيديولوجيا أو المعتقدية إلى حقل التاريخ، والنزول من اشتقاق التاريخ من الأفكار إلى اشتقاق الأفكار من التاريخ، والتاريخ متنوع ومتعدد بطبيعته، وأكثر تعقيداً من تنميطية الأفكار أو نمذجتها. لابد هنا فى سياق محاولة تحرير مفهوم (العلمانية) من (**العقيدة العلمانية**) من فهم **العلمانية الفرنسية** فى تاريخها، ونزع المتخيّل عنها باعتباره الأكثر ضغطاً فى مقاربات مفهوم العلمانية.

إن المتخيّل يمثل عنصر التماسك فى النماذج الفكرية التى تتسم بقوتها الإيديولوجية أو المعتقدية بشكل أصح، فهو الذى يضفى المعنى على العناصر التى تتألف منظومته منها. ويصح ذلك بشكل خاص على تاريخ مفهوم العلمانية. إذ خضع بناء هذا المفهوم فى شكله القار الذى استقر عليه و"**تجمد**" عنده إلى عملية إعادة تأسيس مستمرة فى التاريخ لعب فيها المتخيل عنصراً محركاً أساسياً فى عملية إعادة تخييل التاريخ نفسه، وتقديمه بوصفه التاريخ الذى تمّ بالفعل، ففى النهاية لا مفرّ من الاعتراف بثقل

التاريخانية (Historicisme) فى مفهوم العلمانية من حيث أن التاريخانية تختلف عن التاريخ فى غائيتها ومعناها الميتافيزيقى فى الأخير، وفى ادعائها بالمعنى الكلى الذى يتجه التاريخ لتحقيقه عبر القوة الحاملة له.

وينتمى فكر التنوير فى نزعته الفكروية والذهنية التى استندت الراديكالية **العلمانية الفرنسية** مرجعياً إليها، إلى هذا النمط من التاريخانية الغائية. وهو ما يصفه الفيلسوف الفرنسى جان فرانسوا ليوتارد بـ "**ميتاخطاب يلجأ إلى حكاية كبرى**" مثلما هي "حكاية التنوير التى عمل فيها بطل المعرفة على بلوغ غاية أخلاقية — سياسية جيدة هى السلام الشامل".

وحين يسيطر المتخيل فإن تاريخ المفهوم يحل مكان التاريخ الحقيقى. ويكمن هنا جزء من التداخل والاشتباك الكبير فى آنٍ واحدٍ بين المؤرخين المعنيين بالتاريخية Historisme وبين فلاسفة التاريخ المعنيين بالتاريخانية Historicisme. إن الوظيفة الأساسية للمتخيل إيديولوجية، وهى ترتبط تبعاً لذلك بالنزعة العملية الإرادوية التغييرية والنضالية أو التحويلية الكلية للمجتمع أو للأمة، حيث تعيد الأمة أو الجماعة بناء وعيها لتاريخها فى ضوء ذلك، ويكون فهمها الجمعى لتاريخها وأناها متسقاً بفضل ما يسبغه المتخيّل من معنى. ولعل ثقل المتخيّل فى إعادة بناء مفهوم العلمانية وتخييله بشكل يحل فيه مكان التاريخ الحقيقى، وتقديم البناء المتخيل والمصاغ فى منظومة ذات معنى متسق يعود إلى تاريخه الصراعى الراديكالى فى التاريخ الفرنسى الذى احتاجت فيه الراديكالية العلمانية الجمهورية إلى إسباغ المعنى على عملها التاريخى.

٦١

وفى ذلك كان الوجه الآخر لقوة السرد العلمانوى لتاريخ العلمانية سلطة تهميش سرديات أخرى؛ وبالتالى بناء سردية التاريخ بوصفها التاريخ المدعى الذى تم بالفعل. والواقع أنه فى إطار المفهوم الأنتروبولوجى للثقافة فما من مجتمع يستطيع أن يعيش من دون "**قبة سماوية**" تظلل هويته وتصبغها بملاط الوحدة والتجانس سواء أكانت تنتسب إلى ما يصنف ضمن: "**الأديان السماوية**" أم "**الأديان البديلة**".

ولكن التجانس هو بحد ذاته أسطورةٍ، فما من هويةٍ متجانسةٍ إلا على مستوى المتخيل إذ كل الهويات متعددة وذات تراكيب معقدة، لكن البناء التخييلى الذى يضفى المعنى أو الوحدة يظهرها فى مظهر الهوية المتسقة التى تتقبلها الأجيال تلقائياً حين يتم صبغ الروح الجماعية بها كهوية طبيعية تلقائية لا مجال للشك فيها. وتفسر عملية تفكيك المتخيل كثرة العناوين التى تدور دلالتها حول: "**اختراع فرنسا**". ومفاد ذلك أن العلمانية سردية تتسم بقوة التخييل الذى يوحى بأنه التاريخ الحقيقى الذى تم بالفعل، بينما هو فى أقصى الحدود التاريخ العلمانى للتاريخ المعنى الذى توازيه تواريخ أخرى.

ثانياً– فى تحرير تاريخ العلمانية من المتخيّل العلمانى

أعادت العقيدة **العلمانية الفرنسية** – في طور مأسسة **الجمهورية الثالثة** لها عام ١٩٠٥ – في فصل تام مؤسسى بين الدين والدولة صياغة تاريخ **الثورة الفرنسية** ذاتها، بما يتسق مع المعنى أو الغاية أو المثال الميتافيزيقى للعلمانية. ويبدو ذلك فى العناصر التالية:

أ – لقد أعاد هذا المتخيل أو بالأحرى الأسطورة بناء تاريخ **الثورة الفرنسية** نفسها فى ضوء تمثل الدلالة الجوهرية لعصر التنوير الفرنسى بوصفها ثورةً ضد المسيحية والأديان كافةً وليس ضد رجالها فقط. وكان ذلك يعنى إسقاط دور رجال الدين المسيحى نفسه فى قيام الثورة وتحفيزها، ففى التاريخ الفعلى أبرز كثير من رجال الدين الكاثوليك الفرنسيين عام ١٧٨٩ تعاطفاً قوياً مع الطبقة الثالثة ومع الثورة، مع أن أموراً كثيرةً حدثت بعد ذلك بشكلٍ متسارعٍ تعذر فيها عليهم تأييدها.

لقد مثلوا إذن فى القراءة الأولى الجناح المحافظ فى الثورة فى التعليم العام. ولكن المعرفة الجيدة للتاريخ الفرنسى تطرح فى القراءة الثانية أسئلةً على توصيف المحافظ، فلقد كان بعض أبرز المؤثرين فى تحولات الثورة كهنة. ألم يكن جان مسلييه صاحب كراس: "**الوصية**" الراديكالى للغاية، والتى صوتت **الجمعية التأسيسية الفرنسية** على اقتراح اليعقوبى الراديكالى **أنا كارسيس** بتشييد تمثالٍ له هو نفسه الكاهن مسيليه؟ ألم يكن صاحب الكراس التاريخى الشهير: "**ما الطبقة الثالثة؟**" الذى صدر أواخر عام ١٧٨٩ وكان خير من عبّر عن الأفكار الجديدة للطبقة الثالثة بوصفها الأمة نفسها هو الأب سييس؟ الواقع أن معظم أعضاء الجمعية لم يكونوا من أنصار الفولتيرية بل من أنصار الجانسينية الساخطة فى اتجاهها على عبث وإسراف وسفه النبلاء، وهو الخط الذى كنّ له فولتير عداءً معرفياً وفكرياً طيلة حياته.

لقد صاغ الصراع اللاحق بين العلمانيين والإكليركيين، متضافراً مع النزعة النضالية الهجومية للنزعة المادية والنظرية الثورية والاشتراكية تاريخ الثورة

الفرنسية فى ضوء هذا المتخيل الذى دمجت فيه عملية التخييل أو إضفاء المعنى الميتافيزيقى على الفعل التاريخى بين عقيدة وروح التنوير الفرنسى وفتوحات العلم فى القرن التاسع عشر.

إن العلمانيين الراديكاليين المنتصرين فى الصراع تحكموا بإعادة بناء تاريخ الفاعلين فى **الثورة الفرنسية**، ورسم الصورة المبسطة التى أخذ نظام التعليم يعممها عن **الثورة الفرنسية** وتحديداً ما عممته "**المدرسة المنهجية**" الفرنسية التى سيطرت على مناهج التاريخ طيلة فترة (**الجمهورية الثالثة**)، وكانت تمثل مدرستها في (الإستوغرافيا) أو كتابة التاريخ. ولقد تحكمت هذه الإستوغرافيا إلى حد كبير ببلورة المفهوم المعيارى للعلمانية فى مشهد سياسى تميز بشكل خاص طيلة الربع الأخير من القرن التاسع عشر، وطيلة العقود الأربعة الأولى من القرن العشرين على الأقل باستقطابيته الحادة بين (العلمانيين) و(الكاثوليكيين) الفرنسيين.

ب — نسبة فصل الدين بشكل تام عن الدولة إلى **الثورة الفرنسية**. وهذا الفصل هو الرائج فى تلقى النخب الحداثية العربية المنحدرة من أصول ماركسية متزعزعة بشكل خاص بتأثير التغيرات الكونية الكبرى. ويهمنا عنصر الأسطورة فى أنه يوحى بأن **الثورة الفرنسية** التى مثلت فى اتجاهاتها المسيطرة روح التنوير النضالية والاجتثاثية كما تمثلها الفاعلون الراديكاليون وحاولوا أمثلتها فى تحويل الكنائس إلى **معابد للعقل** هى التى فصلت بين الدين والدولة، بينما لم تفصل بينهما بل أوجدت نظام الكهنة المحلفين أو

الدستوريين الذين يخضعون لقوانين الجمهورية وليس لقوانين البابا ونظام الكهنة غير المحلفين.

تقبل الكهنة الجوانب التنظيمية الخارجية للكنيسة، لكنهم لم يتقبلوا اتجاهات التدخل العقيدى، وهذا مفهوم رغم ما تم فى التاريخ الثورى من قساوة حيث كانت روح الثورة أعتى من قوة الأجسام. وخلاصة ذلك أن من فصل بين الدين والدولة ليس **الثورة الفرنسية** بل **الجمهورية الثالثة** فى العام ١٩٠٥ على خلفية صراع مرير ومصيرى بين الجمهوريين والملكيين، وبين الريفيين والمدينيين، والعلمانيين الذين غدوا فى سمتهم العامة علمانويين أو مناضلين عقائديين من أجل العقيدة العلمانية وبين الإكليركيين الذين انطووا مع بابا الفاتيكان فى نزعات منغلقة شديدة المحافظة. إن الربع الأخير من القرن التاسع هو تاريخ الصراع الفاصل الذى أفضى إلى دستور **الجمهورية الثالثة،** والذى استمر بشكلٍ ضارٍ طيلة العقود الأربعة الأولى من القرن العشرين.

ثالثاً – في الاستقبالات العربية

استقبلت النخبة التركية العثمانية والنخبة العربية العثمانية الثقافية الفاعلة فى إنتاج الأفكار هذا التاريخ الغربى والفرنسى المحتدم فى شروط هيمنة النزعة الإصلاحية الإسلامية، التى ذهبت بعيداً في تكييف الإسلام مع التقدم فى القرن التاسع عشر. وكان تفتح هذه النزعة جزءاً من روح التنظيمات الإصلاحية العثمانية. وليس هناك أكثر من ضرر **"الأهواء"** فى الفصل بين التاريخين التركى والعربى العثمانيين للإصلاح الإسلامي فى قراءة تلك العلاقة.

٦٥

لكن ما ميز النخب التحديثية التركية المسيطرة فى شروط تاريخية بالغة التعقيد هو دفعها للفصل بين الدين والدولة بشكل تام فى شروط تمثلها لقيم **الجمهورية الفرنسية الثالثة** إلى نهايتها، فاختصرت من خلال أتاتورك فى غضون سنة وأربعة أشهر تفصل بين فصل الخلافة عن السلطنة (تشرين الثانى/ نوفمبر ١٩٢٢) وبين إلغاء الخلافة (١٣ آذار/ مارس ١٩٢٤)، وإعلان العلمانية التامة على نمط **الجمهورية الفرنسية الثالثة** ما استغرقه تطور فرنسا العلمانى الراديكالى خلال مئة وستة عشر سنةً، تفصل بين **الثورة الفرنسية** (١٧٨٩) و**الجمهورية الثالثة** (١٩٠٥).

تم فى البداية فصل الخلافة عن السلطنة، وكان هذا الإجراء تتويجاً لرؤية حركة الإصلاح الإسلامى، وهو يستند مرجعياً إلى فصل وقع تاريخاً وواقعاً وفقهاً ومصلحةً فى التاريخ الإسلامى، وبالتالى كان يبدو منطلقاً من نزعة محركة داخلية فى الهوية نفسها، لكن بعد قليل سيتم التحول من الفصل بين الخلافة والسلطنة إلى الفصل التام بين الدين والدولة، والانطلاق من مرجعية أخرى بديلة فهمها كثير ممن أيدوا بحماس فصل الخلافة عن السلطنة على أنها نزع للهوية.

ويرتد جزء أساسي من هذا الفهم الكمالى اليعقوبى أو الراديكالى للعلمانية فى أنه قد تمّ تحت وطأة بلورة مفهوم العلمانية فى مرحلة **الجمهورية الثالثة الفرنسية**، الذى تشربت به معظم النخب العثمانية "التنظيماتية" فى مرحلة (التنظيمات) العثمانية. وأخذ مداه مع عملية تأسيس الدولة التركية

المستقلة على مبادىء الدولة القومية، أو نمط الدولة — الأمة الأوروبى وتحديداً الفرنسى.

وبذلك تجاوزت (الكمالية) محاولة الفهم (العلمانية) لحركة الإصلاح الإسلامى بوصفها تعنى سيرورة (الزمانية) أو (الدنيوة) عبر مدخل الإصلاح الدينية فلقد قامت الإصلاحية الإسلامية فى تاريخها على اعتبار الإصلاح الدينى مدخلاً للإصلاح السياسى والمؤسسى للمجتمع والدولة، فى ضوء نموذج العلاقة بين الإصلاح البروتستانتى وبين الحداثة. وبرز نمطان: نمط الإمام محمد عبده الذى يعتبر أن الإسلام علمانى بطبيعته، بحكم نفيه لسلطة رجال الدين، وبين موقف عبد الرحمن الكواكبى الذي تتلخص نظريته فى أن الإسلام بروتستانتى لاهوتياً بينما هو كاثوليكى اجتماعياً، وكان الكواكبى يعنى فى ذلك نسف المؤسسة المشيخية العثمانية.

كانت حرائق العشرينيات الفكرية الضارية ولا سيما فى القاهرة وحلب تقع بشكل تام فى هذا التحول. ولقد فرضت النخبة الوطنية التركية الرائدة بالفعل نمط رؤيتها للجمهورية وماهت بينها وبين العلمانية فى ضوء النموذج الفرنسى؛ الذى بات ضمن مدخلات كل الثقافات الجديدة الناهضة فى العالم العثمانى السابق. وكان ذلك جزءاً من انهيار الامبراطوريات وتشكل نظم الدولة — الأمة أو الانتداب نصف الاستعمارى لتحضيرها إلى دول — أمم (نظام الانتداب). تمثلت نقطة جوهرية فى أن الموقف الثقافى العربى الممانع فى البداية والذى مثلته النخب الفاعلة فى إنتاج الأفكار والسلوكات

ضد العلمنة على غرار الخطة الأتاتوركية المتمثلة **للجمهورية الثالثة** قد اختلط بالموقف **"الوطني"** التحرري ضد **"المحتل"** أو **"الأجنبى"** المسلح.

هذا تاريخ عربى خاص حتى بالنسبة إلى الوطنيين العلمانيين. لقد باتت العلمانية محمولةً على الحراب، وهو شىء كرهه **"روبسبيير"** الراديكالى اليعقوبى حين أطلق صيحته: **"إن البشر لا يحبون المبشرين المسلحين"**، ولكن بعض الليبراليين العرب أخذ يتحدث يومئذ عن **"الحملة الفرنسية المباركة"**. كان ذلك جزءاً من بناء تخييل أو سرد للتاريخ وللحداثة، وهو ما مثله طه حسين فى فترته الليبرالية الجامحة. لقد عقد الموضوع الوطنى كما مصالح القوى المستعمرة ونصف المستعمرة هذه المسألة. والخلاصة لم يكن للعلمانية خارج تركيا أتاتورك وحزبه قوة بيروقراطية ذات مصداقية وقوة تحمله.

كان الليبراليون المصريون ينتمون إلى الأقلية وليس إلى الأكثرية التى احتكرها **الوفد**، وصبغ ذلك النزعة العلمانية بمعناها المعتقدى وشبه المعتقدى وفق ترسيمة مبسطة عنوانها: فصل الدين عن الدولة بصبغة النزعة الضيقة والنخبوية الرقيقة وطنياً فى مواقفها. اتجاهات الحركة القومية الصاعدة في ثلاثينيات القرن العشرين كانت قومية ولم تتخذ موقفاً من العلمنة، لكن أفكارها تؤيدها كسيرورة أو كمجرى تاريخى وليس بالضرورة عقائدياً. وكانت المسألة القومية الأساسية: الاستقلال والوحدة هى المسيطرة. لقد كانت الحركة العروبية حركة تحديثية بشكل شديد الوضوح، ولكن العلمانية لم تحتل مرتبة الأصل الواضح فى أصول فقهها لتغيير الواقع.

وتوجب الانتظار مسيرة ما يقرب من ثمانين عاماً ونيف كى يتم اكتشاف المعاد فى الشروط الجديدة، فى شكل المعاد الأصولى المتطرف (**القاعدة**) وشكل المواءمة بين الإسلام والديموقراطية (حزب "**العدالة والتنمية**" فى تركيا والمغرب، حيث أخذ الحزب التركى من الحزب المغربى الصاعد الاسم والرؤية المقاصدية للشريعة، وهى مختلفة نسبياً عن تطبيق الشريعة لدى الإخوان مع أن إخوان مصر يتطورون سريعاً فى اتجاهها).

فى مقابل الحركة العروبية القومية كانت الحركة الإسلامية تنمو وتتصاعد. فى مصر كيف حسن البنا المرشد الأول لجماعة "**الإخوان المسلمين**" الهوية الإسلامية مع المعايير الدستورية، ومع أفكار العروبة والاشتراكية والرأسمالية بهدف إيجاد البيت الجامع. وفى هذا السياق أبدت بعض اتجاهات الخطاب الإخوانى قابلية كبيرة لاستيعاب العلمانية إسلامياً بوصفها سيرورة وليس عقيدة تنويرية بديلة من الدين. واستند ذلك مرجعياً إلى مفهومى المصلحة والمقصد فى الشريعة. وكان ذلك تغيراً هاماً يفضى إلى مقاربة علمانية مرنة ومحاولة فهمها واستيعابها فى ما يمكن تسميته بـ "**العلمانية المؤمنة**".

رابعاً – مصطفى السباعى رائد "العلمانية المؤمنة"

طور هذا الفهم مؤسس الجماعة فى سورية ومراقبها الأول الشيخ مصطفى السباعى، ليقول بأن التشريع الإسلامى "**علماني**". وكان يقصد فى ذلك تحقيق المصالح وليس المرجعية التنويرية. ويقول السباعى تحديداً فى هذا المجال: "**إن الإسلام فى تشريعه مدنى علمانى يضع القوانين للناس على**

٦٩

أساس من مصلحتهم وكرامتهم وسعادتهم، لا فرق بين أديانهم ولغاتهم وعناصرهم". وتشكل شرعنة المصلحة أنما وجدت معيار هذا "التشريع". والواقع أن السباعى وإن لم يكن (أصولياً) بمعنى أنه لم يكن من علماء الأصول، لكنه وضع (المصلحة) أصلاً قائماً فى حد ذاته فى الإنتاج الفقهى للأحكام. وتخطى حدود الفهم القياسى للمصلحة، واعتباره فرعاً لا أصلاً، وتصور مقاصد الشريعة منشئةً للحكم وليس بجرد مظهرة له فى آليات القياس الأصولية. وبذلك كان محطة أساسية فى تطوير نظرية: "**مقاصد الشريعة**" وتحريرها من ثقل "**النموذج الأصولى**" الذى أرساه الإمام الشافعى.

كان السباعى يميز برهافةٍ بين المفهومين الإجرائى والمعتقدى للأفكار الحديثة. كان يقبل الشيوعية دون تردد، لكن من دون قبول مرجعيتها النظرية والفلسفية المادية فى نظرية المعرفة. وبهذا المنهج نفسه قبل العلمانية، وقبل كامل معاييرها المؤسسية للدولة الحديثة، وكأنه يقول إن العلمانية ليست مسألة "**فكروية**" مرهونة ببوتقة معتقدية تنويرية لازمة وضرروية، بل هى مسألة اجتماعية — سياسية — مؤسسية لتنظيم العلاقة بين الدينى والزمنى فى الاجتماع البشرى قاربها كل مجتمع فى ضوء محدداته الثقافية والتاريخية.

والحقيقة أنه لم يختلف مع العلمانية مطلقاً بل مع **العقيدة العلمانية**، واتفق بشكل تام مع وظائف العلمانية الأساسية. لكنه احتفظ بحق أن يكون دين رئيس الدولة هو الإسلام وليس أن يكون الإسلام دين الدولة.

أسس السباعى ذلك على منظور جديد للعلاقة بين الإسلام والهوية فى مجتمع متعدد دينياً ومذهبياً وثقافياً. ميز بين ما سماه بـ "**الإسلام**

الكنسي" و"الإسلام الحضاري"، واعتبر أن "الإسلام الحضاري" شامل لجميع أفراد الأمة مهما كان دينهم، بينما "الإسلام الكنسي" أو "الطقسي" خاص بالمسلمين. وفكر بالإسلام كـ "فلسفة حضارية".

والواقع أن السباعى كشف عن اتجاه مبكر للتفكير بتحويل الجماعة فى سورية إلى نمط من حزب ديموقراطى إسلامى على غرار الأحزاب الديموقراطية المسيحية فى الغرب. وكانت هذه إمكانية تحتملها الجماعة فى ضوء المفهوم الإجرائى للعلمانية، لكن بشكل مستقل عن المرجعية المعتقدية العلمانية. وبذلك كان السباعى من أوضح رواد "العلمانية المؤمنة" فى الفضاء الإسلامى فى الخمسينيات من القرن الماضى. وتمثل سياق ذلك فى احتدام الصراع داخل **الجمعية التأسيسية** السورية (١٩٥٠) حول العلاقة بين الدين والدولة.

السباعى هو من تصدَّر تعديل فقرة الإسلام دين الدولة إلى الإسلام دين رئيس الدولة، ودافع طيلة حياته عن إسلامية هذا الدستور. ألقى السباعى أكثر من محاضرة حول ذلك لكن محاضرته فى بيروت ١٩٥٣ حول الفصل بين الدين والدولة أتت بياناً علمانياً خالصاً فى حال استئناف التميز بين العلمانية والعلمانوية، وبشكل أدق بياناً منهجياً في "العلمانية المؤمنة"، على مستوى خطاب التقدم والحداثة بمجمله وليس الخطاب الإسلامى وحده. وكان يطرح ذلك ليس من موق الفكروى، بل من موقع الممارس الذى انشق قسم فاعل من جماعته بدعوى ليبراليته التحالفية والسياسية والفكرية، والذى كان انشقاقه مرتبطاً عضوياً بالجناح المؤيد لجمال عبد

الناصر (١٩٥٢ – ١٩٥٣) يومئذ فى ثورة ٢٣ تموز/ يوليو ١٩٥٢، الذى كان نافذاً فى ما سمي: "**النظام الخاص**" شبه العسكرى الرديكالى فى، الجماعة، والذى تمرس بالكفاح الوطنى فى معارك القنال.

حاول هذا الجناح أن ينشىء يومئذ له قواعد فى سورية، ووقف خلف عملية الانشقاق الأولى، ومحاولة الانقلاب على قيادة السباعى الليبيرالية للجماعة فى سورية. بكلام آخر لم يكن ما طرحه السباعى فلتة نظرية؛ بل رؤية مبكرة لحزب إسلامى ديموقراطى يعمل ضمن القواعد القانونية والبرلمانية والدستورية فى نظام ديموقراطى. بينما الحركة الشيوعية كانت طبقية ولم تطرح المسألة العلمانية كبند استراتيجى لها، وإن كانت أهدافها علمانية فى النهاية. وحده الحزب "**السورى القومى الاجتماعي**" نصّ بوضوح تام فى عقيدته على العلمانية.

خلاصة ذلك أن العلمانية فى فترة نهوض القوى الفاعلة الجديدة المستندة إلى الفئات الوسطى بدءاً من الثلاثينيات لم تشكل بنداً مباشراً فى برامجها أو قضاياها. لكن الشرائح النشطة فى هذه الفئات دفعت عملية دنيوة العالم، أى العلمانية أو الدنيوية بوصفها سيرورة، بينما استوعبها الخطاب الإسلامى ضمن الهجوم الشديد عليها فى صيغة **الجمهورية الثالثة**، وطرح المصلحة والمقصد والمقصد كبديل منها إسلامياً. ومن المفهوم أن تكون القطيعة حادة بالنسبة إلى الخطاب الإسلامى مع العقيدة المرجعية لفكر التنوير المعادى للدين والمفكك له. ولكن مصطفى السباعى فاق كل جيله على الإطلاق فى أنه كان الوحيد الذى انفرد بطرح مسألة العلمانية فى ملعب مبسوط عن سائر

٧٢

اللاعبين فى جيله، وهو جيل الكبار الذى لم تشكل هذه المسألة قضية أصولية له. وفى تاريخ الفكر السياسى فإن السباعى هو الوحيد بين الممارسين والقادة الذين طرحوا ذلك. ولكن السباعى تحول إلى **"صرخة فى واد"** بتعبير الكواكبى.

خامساً – التباسات وأسئلة

تنتمى **العقيدة العلمانية** تمييزاً لها عن العلمانية إلى نمط ميتافيزيقى كليانى غائى ومعيارى، تتحول خلاله إلى نوع من **"دين بديل"**، لكن لا توجد علاقة منطقية من نوع ضرورى بين العلمانية والديموقراطية من جهة وبين العلمانية والمساواة من جهة ثانية. تبدو هذه العقيدة نمطاً فكرياً وذهنياً يعيق تطور سيرورة عملية العلمنة الجارية نفسها، وهى تستند مرجعياً إلى فكر التنوير فى لحظة قطيعة إبيستمولوجية كبرى معه في ما يعرف ب **"ما بعد الحداثة"**، التى يتقدم باراديغمها فى صورة موت الحكايات الميتافيريقية الكبرى، التى ينتمي النمط الفكرى المعتقدى العلمانى إليها.

فليس تاريخ العلمانية مجرد تاريخ دفع دنيوة العالم إلى أقصى نهاياتها، بحيث يكون العالم ذاتى المرجع، وترتكز ديناميته فى داخله وليس فى أى مرجع آخر خارج العالم، بل هو أيضاً تاريخ تحولها إلى إيديولوجيا أو عقيدة أو إلى عقل أداتى أو مراسيم بيروقراطية مؤسسية، تعيق السيرورة العلمانية الفعلية المحققة. بينما تحرر **العقيدة العلمانية** من الحكاية الكبرى التى تستند إليها يعنى تقويضها، واندماجها فى العلمنة كسيرورة. إن مأزق فكر التنوير هو جزء من مأزق النمط الميتافيزيقى المعرفى، وفي هذا الإطار يقع حرج الأطر المرجعية

الفلسفية والفكرية **للعقيدة العلمانية** في مرحلة ما بعد التنوير أو الحداثة، فثمة علاقة ضرورية بين تطور العقيدة العلمانية وبين إيديولوجيا الحداثة.

وبانحلال الأطر المعرفية **للعقيدة العلمانية** تنحل إيديولوجيا التقدم وليس سيرورة التقدم، وتنحل **إيديولوجيا العقل** أو **العقيدة العلمانية** وليس العقل، ويبزغ مفهوم آخر للعلاقة بين الديني والمدني فى إطار منظور سيميائى للثقافات لا يحول الاختلاف بينها إلى تفاوت معيارى، بحيث يكون الديني، وبالأحرى الرمزي، بعداً من أبعاد المدني وليس بعداً مقصياً عنه.

ويمكن فهم تصلب **العقيدة العلمانية** فى النمط الفرنسى كآلية تعويض عن أعراض الانحلال التى باتت تفرضها التغيرات الكبرى فى فرنسا والعالم، وهى تغيرات اقتصادية — اجتماعية — ثقافية وتقانية ومؤسسية متكاملة التأثير فيما بينها. وفى هذا السياق تبدو **العقيدة العلمانية** جزءاً من حكاية كبرى فقدت إشعاعها، وباتت خلف سيرورة العلمنة الجارية.

فرنسا .. من التطرف الأصولي إلى العلماني(⁸)

منذ قانون ١٩٠٥ أصبح رجال الدين متفرغين للشؤون الدينية والروحية

٢١ يناير ٢٠١٥ م

باريس: هاشم صالح

ابتدأ القادة الفرنسيون يطالبون المسلمين بالتحلحل والتحرك ضد التيار الجهادي المتطرف الذي أصبح يمثل مشكلة عظمى بالنسبة للمجتمع الفرنسي. نقول ذلك وبخاصة بعد كل ما حصل مؤخراً من أحداث جسام

(⁸) جريدة الشرق الأوسط اللندنية – الرابط:
https://aawsat.com/home/article/270561/%D9%81%D8%
B1%D9%86%D8%B3%D8%A7-%D9%85%D9%86-
%D8%A7%D9%84%D8%AA%D8%B7%D8%B1%D9%81-
%D8%A7%D9%84%D8%A3%D8%B5%D9%88%D9%84%D9%
8A-%D8%A5%D9%84%D9%89-
%D8%A7%D9%84%D8%B9%D9%84%D9%85%D8%A7%D9%
86%D9%8A

هزت فرنسا. لنتفق على الأمور منذ البداية: جاليتنا العربية الإسلامية في أغلبيتها وسطية معتدلة تحترم القانون، وليست مسؤولة عما حصل من اعتداءات آثمة على مجلة "شارلي إيبدو".

إنها طيبة، عاملة، متواضعة، تسعى إلى لقمة عيشها وتربية أطفالها ونجاحهم في الحياة كبقية البشر. إنها من أعظم الجاليات وأشرفها وأكثرها مكارم أخلاق. ولكن هناك أقلية متطرفة داخلها وهي التي ستجر عليها الويلات والشبهات للأسف الشديد. في كل الأحوال فإن رؤساء الجالية الذين نددوا بالاعتداءات الدموية الأخيرة مضطرون لإجراء تغييرات واتخاذ قرارات بغية مصالحة الإسلام مع الحداثة والدولة العلمانية الديمقراطية. ولكن ذلك سيكون عسيراً ولن ينجح بين عشية وضحاها. يُخطئ من يظن أن هذه هي المواجهة الأولى لفرنسا مع الأصولية التوتاليتارية الإرهابية.

للدلالة على ذلك يكفي أن نستعرض هنا قصة الصراع الذي جرى بين الدولة الفرنسية وأصوليتها الخاصة بالذات: أي الأصولية المسيحية الكاثوليكية. ومعلوم أن المذهب الكاثوليكي يشكل أغلبية الشعب الفرنسي تاريخيا، أي بنسبة ٩٠ في المائة. ولذلك فإن الصراع كان ضارياً بين الطرفين العلماني والكاثوليكي على مدار مائة و٥٠ سنة قبل أن يصل إلى حل معقول عام ١٩٠٥ عندما صدر قانون فصل الكنيسة عن الدولة، بمعنى لا يحق للكنيسة أن تتدخل في الشؤون السياسية بعد اليوم، ولا يحق للدولة أن تتدخل في الشؤون الدينية. فللسياسة رجالها وللدين رجاله ومن مصلحة الجميع أن يعرف كل طرف حدوده وينشغل بمهامه. ولكن رجال الدين

المسيحيين لم يقبلوا بهذا القانون عن طيبة خاطر، وإنما قاوموه زمناً طويلاً قبل أن يستسلموا له، بل ويجدون فيه فوائد جمة لمصلحتهم. فقد أصبحوا متفرغين للشؤون الدينية والروحية ومرتاحين من تحمل عبء الشؤون الدنيوية والسياسية. ما عاد الدين يتلوث بكل شاردة وواردة.

لنلقِ نظرة إذن على التيار الكاثوليكي المسيحي الذي حاربته **الثورة الفرنسية** والجمهورية الوليدة منذ عام ١٧٨٩. فنحن نجد، مثلاً، أن الحكومة **العلمانية الفرنسية** سنت الكثير من القوانين المضادة للحزب الأصولي الكاثوليكي بين عامي ١٩٠١ — ١٩٠٤. وهي قوانين منعت رجال الدين من ممارسة التعليم في المدارس الفرنسية لأن عقليتهم أصولية تبث سموم المذهبية والطائفية وتحدث الفرقة بين أبناء الشعب الواحد والمتعدد في آن. كما صادرت الدولة أملاك الجمعيات الرهبانية وطردت ما لا يقل عن ٣٠ ألف راهب وراهبة، فاضطروا للذهاب إلى الخارج والعيش في المنفى (غالباً في بلجيكا المجاورة).

وفي أثناء الفترة نفسها أغلقت الحكومة **العلمانية الفرنسية** ١٤ ألف مدرسة دينية كاثوليكية، كما ضاعفت من المراقبة والتضييق على طبقة الإكليروس أو رجال الدين المسيحي. ثم عاقبت الضباط الذين يذهبون إلى الكنيسة يوم الأحد لأداء القداس الكاثوليكي باعتبار أنهم رجعيون! وأخرت من ترفيعهم في الرتب العسكرية.

ولكن ينبغي ألا ننسى أن الكنيسة الكاثوليكية ذاتها كانت قد مارست القمع الفكري على الناس طيلة العهد القديم السابق على **الثورة**

الفرنسية. فقد كانت تسيطر على نظام التعليم سيطرة كاملة وتمنع حرية الفكر والضمير والمعتقد على كل أراضي المملكة الفرنسية. وكانت تضطهد أتباع المذهب البروتستانتي وتقتلهم وتشردهم في شتى أنحاء العالم أو تجعلهم يعيشون غرباء في وطنهم. وهذا شيء ينبغي ألا ننساه أو نتناساه أبداً. وبالتالي فقد نالت جزاءها بعد الثورة التنويرية.

كما ينبغي ألا ننسى **محاكم التفتيش** سيئة الذكر، حيث لاحقت الكنيسة الكاثوليكية العلماء والمفكرين، بل وحتى الناس العاديين، وقتلت منهم الكثير أو حرقتهم حرقاً، ويقدر عددهم بعشرات أو مئات الألوف. كما وحرمت تداول كتب الفلاسفة من أمثال ديكارت، وغاليليو، ومالبرانش، وسبينوزا، وفولتير.. إلخ. واعتبرتها مهرطقة، مزندقة.. وكفّرت العلماء والمثقفين وأطلقت الفتاوى في حقهم وأباحت دماءهم ففروا إلى المنافي البعيدة أو نزلوا تحت الأرض!

وبالتالي، فلا ينبغي أن نستغرب رد الفعل العنيف على الكنيسة الكاثوليكية بعد اندلاع **الثورة الفرنسية** وانتصار نظام الحداثة العلمانية. فهذا الشيء كان متوقعاً بعد مرور قرون كثيرة على تحكم رجال الدين برقاب الناس وضمائرهم. لقد أرعبوا الناس رعباً كما يفعل الداعشيون عندنا حالياً. ولذا أثأروا موجة عارمة من الغضب ضدهم. وهو نفس رد الفعل الذي نشهده حاليا على تيار الأصولية الإسلامية. وبالتالي فما أشبه الليلة بالبارحة!

لماذا نقول ذلك؟

بغية توضيح الصورة، أولاً عن طريق المقارنة. فإذا كانت فرنسا قد رفضت أصوليتها الخاصة بالذات فإنها لن تقبل بأصولية أخرى وافدة عليها من الخارج. هذه نقطة. وأما النقطة الثانية فإننا نريد الرد على التيار المحافظ الفرنسي الذي ركز كل جهوده في السنوات الأخيرة على نقد أعداء الكنيسة الكاثوليكية. فهو يقول مثلا إن فرنسا احتفلت قبل بضع سنوات بمرور مائة عام على تأسيس النظام المدني العلماني وفصل الكنيسة عن الدولة ١٩٠٥. ٢٠٠٥.

وهذا صحيح. وهو يستغل هذه المناسبة لتصفية حساباته مع مؤسسي هذا النظام الجديد الذي حل محل النظام الكاثوليكي القديم الذي كان قد سيطر على فرنسا طيلة ١٨ قرناً. انظر قصة الانتقال من الدولة الدينية الثيوقراطية إلى الدولة المدنية الحديثة. وهي قصة تلخص تاريخ الحداثة كلها.

لا ريب في أن الأحزاب السياسية التي حكمت فرنسا بين عامي ١٧٨٩ – ١٩١٤ كانت معادية لرجال الدين، وقد أزاحت الكاثوليكيين عن المراكز الرئيسية للسلطة، وفرضت قانون العلمنة فرضاً على الشعب الفرنسي دون أي تفاوض أو استشارة سابقة مع الكنيسة الكاثوليكية التي تشكل أغلبية سكان البلاد كما ذكرنا.

والواقع أن العلمانيين كانوا يريدون القضاء على **الأصولية المسيحية** البابوية في البلاد. وقد نجحوا في مشروعهم إلى حد كبير بدليل أن القانون المدني (أو قانون نابليون) حل محل القانون الكنسي أو الشريعة المسيحية.

ويقال إن نابليون كان يفتخر بذلك في أواخر أيامه وهو منفي في جزيرة سانت هيلانة الشهيرة ويقول: **"هذا ما سيتبقى مني على مدار التاريخ"**. بل وحتى المحافظون أصبحوا يعترفون بإيجابيات قانون العلمنة أو فصل الكنيسة عن الدولة رغم كل معارضتهم السابقة له واتهامهم للعلمانيين بالكفر ومعاداة الدين.

والحال أن القانون المدني ترسخ الآن في فرنسا ولم يعد أحد يفكر في التراجع عنه. ولكن هذا لا يعني أن المناقشة انتهت أو أغلقت كلياً. فبعد العلمانية الحامية التي تشكلت في القرن الـ ١٩ كرد فعل على الأصولية الحامية أصبحوا يفكرون الآن بلورة علمانية جديدة متصالحة مع الدين لا معادية له. فالأصولية المسيحية أصبحت ضعيفة جداً في فرنسا إن لم تكن معدومة، وبالتالي فلا داعي لمحاربة طواحين الهواء. والإيمان إذا كان مستنيراً لا يشكل خطراً على العلمانية أو الدولة المدنية. بالعكس، تماما فإنه يخلع عليها قيما أخلاقية وروحانية لا تقدر بثمن.

ولكن نلاحظ أن الإيمان – كقيمة عليا – بحد ذاتها لم يعد له أي وجود بالنسبة للشبيبة الفرنسية. ونلاحظ أيضاً أن مسؤولي البرامج التلفزيونية لا يدعون المثقفين الكاثوليكيين إلى المشاركة في البرامج، وإذا ما دعوهم فإنهم يهاجمونهم أو يضحكون عليهم أو يتخذونهم ككبش فداء. وعندما تعلن إحدى القنوات أنها ستتحدث عن الدين فإن ذلك يعني أنها تريد مهاجمة الدين واللاهوت المسيحي بتهمة الرجعية. ولا تسمح للمثقفين الكاثوليكيين بالرد على هذا الهجوم! وهكذا انتقلنا من النقيض إلى النقيض: من تطرف

إلى تطرف آخر، من تطرف أصولي كاثوليكي إلى تطرف علماني ناهيك بالإلحادي.

وهناك برامج ساخرة كثيرة لا تتردد عن الاستهزاء بالبابا والعقائد المسيحية على هواها. بل وتنكر حتى وجود المسيح تاريخياً. وتقول إنه مجرد أسطورة لا حقيقة واقعة. ولكنها لا تتجرأ على أن تفعل الشيء نفسه مع الأديان الأخرى كالإسلام واليهودية حتى ظهرت مجلة "**شارلي إيبدو**" مؤخراً ودفعت الثمن غالياً.. وعموما أصبح الجهل بالثقافة المسيحية عاما شاملا في فرنسا. فطالب الثانوية يمكن أن ينال البكالوريا من دون أن يعرف أي شيء عن الإنجيل أو عن يسوع المسيح أو عن دين آبائه وأجداده.

ولكن الاستهزاء بالإسلام أصبح موضة رائجة في السنوات الأخيرة. وتصاعدت موجة الإسلاموفوبيا بشكل مقلق. ويُخشى أن تزداد أضعافاً مضاعفة في الأيام المقبلة ليس فقط في فرنسا، وإنما في كل أنحاء أوروبا. وهنا أقول لهم مع إدانتي الكاملة للمجزرة التي حصلت مؤخراً في عاصمة النور: على مهلكم يا سادة العالم، يا متطورون، يا حضاريون! خذونا بحلمكم!

فالمسلمون لا يستطيعون أن يستوعبوا بين عشية وضحاها طفرات فلسفية وعلمية وسياسية هائلة كان قد استغرق استيعابها من المسيحيين الأوروبيين مدة مائتي سنة على الأقل. أقصد مائتي سنة من الصراعات الفكرية والمواجهات السياسية والتفاعلات الجدلية الخلاقة.

حرب عنيفة حول الإسلام واللائكية في الإعلام الفرنسي(⁹)

باريس: يوسف لهلالي

٢٠١٧/١١/٢٤

جريدة الاتحاد الاشتراكي المغربية

يصعب على المتتبع للشأن الفرنسي هذه الأيام فهم هذه الحرب العنيفة والشرسة، التي وصلت إلى المحاكم ما بين الموقع الإخباري **ميديا بارت،** يترأسها مدير التحرير السابق لجريدة **لوموند** ايدوي بلينال الشهير بالتسريبات والتحقيقات الصحفية وبين الجريدة الساخرة **شارلي إيبدو** ومديرها ريس حول الإسلام واللائكية. غير أن هذه الحرب رغم عنفها، هي ليست جديد،ة بل هي قديمة حول تصور الدين خاصة الدين الإسلامي ومكانته بالجمهورية وتأويل قانون اللائكية لسنة ١٩٠٤ لفصل الدين عن الدولة.

وحول هذه القضية، فإن فرنسا منقسمة بين الذين يرون أن هذا الفصل، هو حرب بين الدين والدولة، وبين من يرى، أن اللائكية هي فصل الدين عن الدولة، الذي يجعل منها حامية لكل الممارسات العقائدية كيفما كانت.

وخلفية هذه الحرب الجديدة، هي قضية التحرش الجنسي المتهم فيها المفكر الديني السويسري من أصل مصري طارق رمضان. وتناولت **شارلي إيبدو** هذه القضية في عددها لبداية شهر نوفمبر، برسم كاريكاتيري ساخر **"خدش مشاعر مسلمي فرنسا"**. وهو ما جعل ايدوي بلينال يتهم **شارلي إيبدو "باستهداف مسلمي فرنسا"** بروسومات معادية لهم، وأن الصحيفة **"تشن حرباً على المسلمين"** بمجموعة من الصحفيين ينتمون إلى اليسار المتطرف.

وردت الصحيفة الساخرة على ذلك بنشر افتتاحية ساخرة ضد ايدوي بلينال وهو **"مكبل الفم والأذنين والعينين"** بعد أن صرح أنه لم يكن يعرف أي أخبار عن قضايا التحرش الجنسي التي تلاحق طارق رمضان. واستندت الصحيفة في اتهامها إلى تصريحات ايمانيل فالس الذي تحدث عن **"التواطؤ"** ما بين الموقع الاخباري والمفكر المختص في الفكر الإسلامي. نفس الاتهامات وجهتها الصحفية والكاتبة كارولين فوريس المعروفة بعدائها لطارق رمضان.

وما زالت صحيفة **شارلي إيبدو** تنشر رسومات ساخرة حول الإسلام، آخرها ربطها بين اعتداءات برشلونة والإسلام، وقال مسؤولي

الصحيفة إنهم تلقوا تهديدات بالقتل بعد نشرهم لملف حول طارق رمضان، وهو ما جعل القضاء الفرنسي يفتح تحقيقاً في هذا المجال.

هذه الحرب بين ايدوي بلانيل وايريس، انتقلت إلى باقي الحقل الثقافي والسياسي، وكانت فرصة لأنصار التطرف اللائكي ومعاداة الاسلام وعلى رأسهم الوزير الأول السابق ايمانييل فالس، الذي غادر **الحزب الاشتراكي،** وأصبح يبحث عن منبر لتواجد في الساحة الإعلامية والسياسية، وهو ما أتاحه له الدفاع عن موقف متشدد للائكية وهو موقف يقتسمه مع تيارات الهوياتية التي توجد في أقصى يمين المشهد السياسي بفرنسا والتي التحق بها بعض مناضلي اليسار في السنوات الأخيرة، وأغلبهم من الذين تعرضوا للفشل في مسارهم السياسي، واكتشفوا أن معاداة الإسلام ربما هي المنفذ للعودة إلى الواجهة الإعلامية والواجهة السياسية.

في ٨ من نوفمبر، صرح ايدوي بلانيل على **فرانس انفو** أن "**فالس ومجموعته يبحثون عن أي سبب من أجل العودة إلى شغلهم الشاغل وهو الحرب على المسلمين**". رد ايمانييل فالس لم يتأخر، وذهب بعيداً في اتهاماته ضد **ميديا بار** في تصريح على أحد الإذاعات "ارام سي" و"اتهم ايدوي بلينال ومجموعته" "بشركاء الفكر**" مع الإرهاب، وأنهم يستعملون كلمات مثل تنظيم "**داعش**". ويضيف في مختلف تدخلاته الصحفية أن "**هذا اليسار يقوم بإعطاء الشرعية للإسلام السياسي الذي يمثل خطراً حقيقياً**"، ويقصد بهذا التعبير ايدوي بلنيال ومجموعة من المفكرين الكبار مثل ايدغار موران، باسكار بونيفاس وهم جميعهم يدعون إلى لائكية متوازنة تحترم

مختلف المعتقدات، وهو ما يجعل **تيار الهوياتية** مثل فنيكل كروت وايرك زمور يعتبره من شركاء لهذا اليسار الذي يطلقون عليه "**يسار إسلاموي**".

قضية اللائكية والإسلام، أصبح موضوعاً يقسم الحقل الثقافي والسياسي في فرنسا بين جهتين متناقضتين، بين جهة تعتبر أن الإسلام مثل المسيحية واليهودية، وهو جزء من مكونات الجمهورية وتعددها، لكن هناك أطراف تعتبر أن الإسلام يتناقض مع فرنسا المسيحية ولا يمكنه أن يندمج في منظومتها اللائكية. وهذا الرأي لم يعد يقتصر على جزء من اليمين وأقصى اليمين والتيارات الهوياتية المرتبطة به بل انتقل إلى جزء من المحسوبين على اليسار، وذلك منذ النقاش الذي أطلقه ساركوزي حول الهوية الفرنسية، والذي قاده الاشتراكي السابق ووزير الهوية ايريك بيسون، وأصبح اليوم الوزير الأول السابق والاشتراكي السابق ايمانيل فالس هو من يتزعم هذا التيار.

وحسب لورون بوفي أحد الأساتذة المختصين في هذا المجال، وعضو **الربيع الجمهوري** المقربة من فالس، فإن هذا الجدل العنيف بين ايدوي بلنيال وايمانيل فالس ليس نقاشاً بين النخبة بباريس، بل هو نقاش بدأ منذ عدة شهور بفرنسا يمس اللائكية ومكانة الإسلام بفرنسا. ويضيف أن "**اليسار الذي تمثله شارلي**" يعتبر أن هناك مطالب **الإسلام السياسي**، والتي يجب محاربتها مثل محاربتنا لكل الأيديولوجيات في القرن العشرين. في حين أن "**يسار ميديا بار**" لا يرى أن ذلك أولوية، وأن الإسلام ليس مشكلة بل المشكلة هو العنصرية التي تمارسها الدولة.

اليوم، كل الأطراف التي تعادي الإسلام، تستعمل اللائكية كمشجب لمواجهة ولانتقاد بل التهجم على الإسلام بفرنسا، رئيس **مرصد اللائكية** جون لوي بيانكو يعتبر أن تصور اللائكية المتوازن، هو الذي يقبل به أغلب الفرنسيين وأن النظرة المتطرفة لتأويلها تمس أقلية، وهو كلام لا يعجب فالس الذي لم يتردد في مهاجمة هذا الوزير السابق لمتيران.

أحد صحافيي **ميديا بارت،** لم يتردد في مقارنة فالس بـ "**الاشتراكيين الوطنيين**"، ويقصد التعبير الذي كان يطلق على **الحزب النازي** في سنوات الثلاثينات. وكذلك التحاق بعض الاشتراكيين القوميين بالأفكار النازية في القرن الماضي. السوسيولوجي ميشيل فيوركا اعتبر أن هذا الجدل والاتهامات المتبادلة بين الطرفين، ذهب بعيداً، وهو جدل عنيف لن يفيد النقاش الجاري حول اللائكية والإسلام.

الحزب الحاكم بفرنسا، **الجمهورية إلى الأمام**، لا يريد أن يترك نفسه بعيداً عن هذا النقاش، خاصة أن زعيمه الرئيس الفرنسي ايمانييل ماكرون، له نظرة إيجابية وليبرالية عن الإسلام وعن اللائكية بفرنسا، ولم يعط موقفاً حتى الآن، لكن أحد نواب **الجمهورية إلى الأمام** اوريليان طاشي في تصريح لجريدة **لوموند** الصادرة يوم ٢٠ نوفمبر، يدعو إلى الحذر إزاء هذا النشاط، خاصة أن **الحزب الجمهوري**، في إطار إعادة الهيكلة، سينتخب لورون فوكيي الذي يريد أن يجعل من **الهوية الفرنسية** إحدى التيمات الأساسية لإعادة هيكلة هذا الحزب اليميني، كما أنه يعطي الانطباع حول الفرنسيين من أصول مسلمة هم ليسوا فرنسيين مثل الآخرين. والمحافظون

يستمرون في اكتساح الساحة منذ أن استعمل نيكولا ساركوزي هذه القضايا في برنامجه السياسي مع وزيره باتريك بوسون، وهو ما أثر بشكل واسع على أفكار اليمين الفرنسي.

وقد ذكر هذا البرلماني الذي يمثل الأغلبية أن تصوره للائكية يميل إلى بول ريكور، وهو الاحترام الصارم للحياد، وترك الاختيار لمواطنين في الايمان من عدم الايمان وممارسة معتقداتهم.وأضاف في نفس الوقت، الليبرالية الثقافية التي أومن بها، ويجب أن تتلاءم إلى إرادة وضع نظام مساواتي للفرص لكل الذي يعيشون بفرنسا، كيفما كان وسطهم الاجتماعي او مكان ازديادهم.

اوريليان طاشي، يتأسف على عنف هذا الجدل الذي تعيشه فرنسا بين هذين الفريقين والذي وصفه **"بالعنيف جدًا"** وأضاف أن اللائكية تم بناؤها كوسيلة لسلم، التسامح والحرية، في حين نرى اليوم أن هذا القيمة الأساسية للجمهورية هي موضع حرب أهلية، ما بين أنصار لائكية كاملة، والذي يواجهونهم ويتهمونهم بإعلان **"حرب على المسلمين"**.

الفيلسوف ايدغار موران الذي يميل إلى لائكية منفتحة تحترم كل الديانات، حاول الاتصال به عدد من الصحفيين ليشارك في هذا النقاش العنيف، وامتنع عن التجاوب مع كل هذه الدعوات. هذه الحرب الشرسة، اندلعت في آخر شهر أكتوبر بين انصار لائكية ليبرالية، والذين يمثل أفكارهم الموقع الإخباري **ميديا بارت** ومديرها ايدوي بلنيال وعدد آخر من أعضاء **الحزب الاشتراكي** وبين لائكية متطرفة، تسعى إلى المواجهة مع الإسلام، وتعتبر أن هذه الديانة والمنتمين إليها غير قابلين للاندماج في الجمهورية

ومؤسساتها الديمقراطية، والذين تمثلهم الصحيفة الساخرة **شارل إيبدو** والاشتراكي السابق ايمانييل فالس.

لكن هذا التقسيم لا يمثل كل الطيف الفرنسي لهذا التيار الذي يشمل اليوم كل التوجهات السياسية من أقصى اليمين إلى أقصى اليسار، باعتبار أن اللائكية المتطرفة وأنصار الهوياتية يشملون بعض أعضاء الحزب اليميني الجمهوري، والمرشح للفوز برئاسة لورن فوكي، بالإضافة إلى اليمين المتطرف الذي تمثله مارين لوبين والاشتراكي السابق ايمانييل فالس وحركة لورون بوفي عن "**الربيع الجمهوري**" والتي تضم اشتراكيين سابقين وهي مقربة من الوزير الأول السابق فالس.

والغريب أن الوزير الأول السابق تغير في مواقفه بشكل جذري. ففي تصريح هذا الاسبوع لجريدة **البايس** الاسبانية، عاد ليطرح قضية الجدل حول الإسلام بفرنسا مرة أخرى، وليعبر عن وجود أزمة هوية مرتبطة بالعولمة ببلده الجديد ، واعتبر أن "**الإسلام والمسلمين مشكلة بفرنسا**"، "**ويطرح علينا السؤال من نحن**"؟ بعد أن كان في السابق يفرق في خطابه بين الإسلام والحركات الإسلامية، عندما كان وزيراً أولاً لفرنسوا هولند. لهذا، الكل يتساءل اليوم عن هذا التحول في موقف هذا المهاجر الاسباني الذي ازداد ببرشلونة، واندمج في الحياة السياسية الفرنسية بسرعة وكان مقرباً من أفكار ميشيل روكار حتى أصبح وزيراً أول وكيف تحول من الاشتراكية إلى الهوياتية ومعاداة الإسلام. هل فقط لحسابات سياسية أو عن قناعة؟

ونفس الوضعية بالنسبة لأنصار **اللائكية الليبرالية**، الذين يمكن أن نضع معهم الرئيس الفرنسي إيمانييل ماكرون وحركته **الجمهورية إلى الأمام** الذي دافع باستمرار على لائكية ليبرالية ومنفتحة تحترم كل الديانات بما فيها الإسلام بالإضافة إلى نظرته الايجابية إلى الهجرة بصفة عامة.

الموقف من اللائكية والإسلام بفرنسا، لم يعد يقرن بالانتماء إلى اليسار أو اليمين، بل هو مبني على حسابات تكتيكية وانتخابية التي يتبعها كل طرف وكل تيار. لهذا، فإن أنصار اللائكية المتطرفة اليوم غير متجانسين، وينتمي إليهم أفراد من أقصى اليسار الذي يمثل **شارلي إيبدو** إلى أقصى اليمين، الذي تمثله مارين لوبين والحركات الهوياتية وإيمانييل فالس وزير أول سابق وبدون حزب، بعد أن غادر **الحزب الاشتراكي**. وهو ما يعني نهاية التقسيم الكلاسيكي في الأفكار والتيارات الفلسفية، والذي كان مبنياً في السابق على انتماءات سياسية واضحة، وهو ما يخلط الأوراق في بلاد فولتير، حيث انهارت الأحزاب الكلاسيكية والتقاطب والتعارض بين اليمين واليسار، كما اعتادت عليه فرنسا منذ قرون، وهو ما يوحي ببروز تيارات جديدة، مبنية على اعتقادات فلسفية في النظرة إلى العالم وإلى الآخر لا علاقة لها بالتصنيفات السابقة.

وحركة الرئيس الفرنسي إيمانييل ماكرون **الجمهورية إلى الأمام** تجسد هذا التحول، وفوزها بالانتخابات الرئاسية والتشريعية خارج التصنيف الإيديولوجي الكلاسيكي، وركزت على عدم الانتماء إلى اليسار أو اليمين وتضم اليوم سياسيين قادمين من كل العائلات السياسية.

٩٠

شوفانمون: النقاش حول اللائكية "غير مرحب به" ويستهدف الإسلام(١٠)

قال إنه مرتبط بالرئاسيات المقبلة ويخدم اليمين المتطرف وليس ساركوزي

الشروق اليومي

٢٠١١ / ٤ / ٢

أكد رئيس جمعية فرنسا/ الجزائر السيد جون بيار شوفينمان، السبت، أن النقاش حول اللائكية الذي يستهدف الإسلام، والذي بادر به الاتحاد من أجل حركة شعبية، يملك الأغلبية الحاكمة، بطلب من الرئيس، نيكولا ساركوزي، **"غير مرحب به"**، وأنه لا يرى من ضرورة لتنظيمه.

* وأوضح الوزير السابق للداخلية والديانات على أمواج إذاعة **"راديو أوريون"** قائلاً **"يبدو لي أن اللائكية هي من قيم الجمهورية المكرسة في فرنسا، كما أنني لا أعتقد بأن هذا النقاش مرحب به"**،

---

(١٠) نقلاً عن: جريدة الشروق الجزائرية — الرابط:
https://www.echoroukonline.com/?news=71993

٩١

وتساءل: "لماذا يتم إجراء نقاش حول الإسلام وليس نقاشاً حول الكاثوليكية أو البروتستانتية أو اليهودية"، مذكراً بأنه على إثر ردود الأفعال السلبية التي تم الإعراب عنها على الساحة السياسية والجمعوية قرر المبادرون إلى هذا النقاش استبداله بندوة حول اللائكية.

* وقال المتحدث إن مبدأ اللائكية "هو أن نتمكن من التفاهم بعيداً عن المعتقدات المؤكدة عما هو أفضل للمصلحة العامة من خلال استبعاد الالتزامات الدينية للبعض والبعض الآخر".

* وتابع يقول أن النقاش حول الإسلام "يعد نقاشاً له أهداف انتخابية ينظم تحضيراً للمواعيد الرئاسية" لسنة ٢٠١٢، مضيفاً أن الاتحاد من أجل حركة شعبية يخشى من أن تخطف منه الجبهة الوطنية (اليمين المتطرف) أصواتاً، وبالمقابل وفي نفس ساحة اليمين المتطرف يقوم الحزب الحاكم بتطوير أفكار "مبهمة نسبياً" التي يرى أنها ستسمح له "بالحفاظ على تأثيره بين المجتمع".

* وحسب شوفانمون فإن "التصرف على هذا الشكل إنما هو تمهيد للطريق أمام الجبهة الوطنية، وهو الأمر الذي فهمه عدد معين من منتخبي الحزب الرئاسي، ومنهم الوزير الأول نفسه، فرونسوا فيون، الذي أعرب عن نيته في عدم الاشتراك في هذا النقاش الذي لا أرى فيه فائدة على الإطلاق". كما تساءل عما إذا لم يكن هناك "انتهاك لروح

اللائكية نفسها وإذا ما كان طبيعياً أن يقرر حزب بالمبادرة بتنظيم مثل هذا النقاش".

* وتعالت أصوات منذ أيام، بما فيها من الأغلبية الرئاسية، للتنديد بهذا النقاش المثير للجدل، الذي يعتبره الكثير غير مجد ومناف لقيم الجمهورية وبعيد عن الانشغالات الملموسة للمجتمع الفرنسي.

* وسبق للمسؤولين عن كبريات الديانات الست المنتشرة في فرنسا (الكنائس المسيحية الثلاث، الإسلام، اليهودية والبوذية) أن أعربوا في تصريح مشترك عن خشيتهم من أن يؤدي نقاش جديد يستهدف الإسلام تغذية العنصرية ومعاداة الأجانب ضد فئة معينة من المجتمع الفرنسي.

تقرير العلمانية في فرنسا: ٥ اقتراحات جديدة "صادمة"(١١)

في إطار الخطة التي سيقدمها رئيس الوزراء الفرنسي إدوار فيليب اليوم الجمعة ٢٣ شباط/ فبراير ٢٠١٨ والخاصة بمكافحة التطرف، طرحت وزارة الداخلية تقريراً جديداً حول العلمانية أشار إلى وجود انتهاكات متعددة وانحرافات هوياتية لهذا المبدأ المؤسس للجمهورية ودعى إلى اتخاذ تدابير قوية في هذا الصدد.

---

(١١) موقع مونت كارلو الدولية – الرابط:
https://www.mc-doualiya.com/articles/20180223-
%D8%A7%D9%84%D8%B9%D9%84%D9%85%D8%A7%D9%
86%D9%8A%D8%A9-
%D8%A7%D9%84%D9%81%D8%B1%D9%86%D8%B3%D9%
8A%D8%A9-%D8%AE%D8%B7%D8%A9-
%D8%AA%D9%82%D8%B1%D9%8A%D8%B1-
%D8%AA%D8%B7%D8%B1%D9%81-
%D9%87%D9%88%D9%8A%D8%A7%D8%AA-
%D8%A5%D8%B3%D9%84%D8%A7%D9%85-
%D9%85%D8%B3%D9%8A%D8%AD%D9%8A%D8%A9-
%D9%8A%D9%87%D9%88%D8%AF%D9%8A%D8%A9

يسلط التقرير، الذي وصفته صحيفة "**لوفيغارو**" الفرنسية بـ "**القنبلة**" ويقع في ٤٠ صفحة، الضوء على عيوب ونواقص في احترام مبدأ العلمانية في بعض المناطق الفرنسية. وكانت وزارة الداخلية قد كلّفت جيلكلافرول، المفوض الوزاري لمكافحة معاداة السامية والعنصرية بتقديم هذه الدراسة تحت عنوان: "**العلمانية، قيم الجمهورية ومتطلبات الحد الأدنى للحياة في المجتمع**".

٥ اقتراحات "صادمة"

يبرز أولاً اشتراط احترام مبدأ العلمانية والالتزام بتعزيزه في تقديم الدولة للإعانات، كتمويل النشاطات والوظائف المدعومة وغيرها. ويقترح التقرير عملياً إلزام طالبي الدعم بـ "**التوقيع على ميثاق**" التزام بالعلمانية و"**اشتراط متابعة تدريب خاص على قيم الجمهورية**"، وذلك على الرغم من اعتراضات "**مرصد العلمانية**" وهو جماعة حكومية استشارية غير ملزمة. جدير بالذكر أن بعض البلديات في فرنسا تقوم بالفعل بهذه الإجراءات اللازمة للحصول على تمويل حكومي.

ثانياً، إنشاء مركز قادر على تدريب جميع العاملين والموظفين الحكوميين على العلمانية بحلول عام ٢٠٢٠، وذلك من خلال تعزيز خطة التدريب القائمة بالفعل والتي تقودها "**المفوضية العامة للمساواة القطاعية**". يعتزم كلافرول كذلك "**توسيع قاعدة الجمهور الذي يتم تدريبه في عام ٢٠١٨**"، وتوجيه التدريب حسب الأولوية "**البالغون ثم أعضاء**

مجالس المواطنين ثم الموظفون الحكوميون والمعلمون الرياضيون والمتدخلون في القطاع شبه المدرسي وخبراء مرحلة الطفولة المبكرة والمتدخلون في مجالات التعليم الخاصة ووكلاء خدمة التوظيف العام وموظفو المستشفيات العامة".

القطاع الثالث الذي يستهدفه التقرير هو الشباب، ويقترح "**تعزيز متطلبات التدريب على العلمانية وقيم الجمهورية للراغبين في الحصول على شهادات تسمح لهم بتدريب القاصرين وشهادات إدارية في القطاع نفسه (أي في مراكز الترفيه والمخيمات الصيفية)**"، وتقديم الدعم اللازم لتكييف مراكز التدريب حتى تكون قادرة على تلبية هذا المطلب.

تتعلق النقطة الرابعة بإعداد تقارير تشخيصية "**على المستوى الوطني للحوادث الموثقة التي تتعلق بالعلمانية وتحدي قيم الجمهورية وعدم الالتزام بالحد الأدنى من متطلبات الحياة في المجتمع**". ويتعلق الأمر بوضع خريطة دقيقة "**للحالات الحرجة**" التي يتم اكتشافها "**في قطاعات الصحة والقطاع الاجتماعي من جهة وفي المجتمع الرياضي من جهة أخرى**"، بشكل يقلل من وجود "**المناطق الرمادية**" التي لا تعرف عنها السلطات العمومية شيئاً فيما يتعلق بالعلمانية.

نأتي إلى النقطة الخامسة الأكثر إثارة للجدل والمتعلقة بإنشاء "**هيئة تقويم لتجاوزات العلمانية**"، ويرغب جيل كلافرول بتحويل لجان مكافحة معاداة السامية والعنصرية إلى "**لجان إقليمية لتعزيز العلمانية وقيم**

الجمهورية". وللقيام بذلك، يعتزم المفوض "إنشاء هيئة على المستوى الإقليمي متخصصة باستقبال شكاوى الإدارات العامة ودراسة الحالات الإشكالية وطلب المشورة" يترأسها "قاض تابع للسلطة الإقليمية".

على الفور، تحركت بشكل متوقع جماعات الرفض على الشبكات الاجتماعية للتنديد بتقرير كلافرول، وعلى رأسها "**التجمع ضد الإسلاموفوبيا**" والصحافي إيدوي بلينيل (مؤسس صحيفة "ميديا بارت") والباحثان باسكال بونيفاس (مدير معهد "إيريس" للدراسات الاستراتيجية) وفيليب مارليير (**أستاذ الفرنسية في جامعة كلية لندن**) وغيرهم. أما جان لوي بيانكو، رئيس "مرصد العلمانية"، فقد عبّر على حسابه على "تويتر" عن "أسفه من عدم الصرامة المنهجية في هذا التقرير (...) والجهل بالإجراءات التي سبق تنفيذها من قبل الحكومة".

تقرير تحذيري بعد ٤ أشهر من المشاورات

بحسب "**لوفيغارو**"، فقد شرع جيل كلافرول بالعمل على وضع تقريره منذ نهاية تشرين الثاني/ أكتوبر ٢٠١٧، وعمّد إلى السفر بين أقاليم الجمهورية التي "**يغلب عليه الطابع الحضري**"، والاتصال مع الفاعلين العموميين وموظفي الدولة فيها. أما النتيجة التي خلص إليها فتقول "**مظاهر تأكيد الهوية تتكاثر وتتنوع**"، كما أن تحديات صارخة للعلمانية قد لوحظت في أكثر من إقليم.

ليس مفاجئاً أن يكون مبدأ العلمانية محط اهتمام كبير في بلد كفرنسا يقوم نظامه السياسي منذ عام ١٩٠٥ بشكل واضح وشديد الصرامة على الفصل التام بين الدين والدولة في **الحيز العام**، وعلى الاحترام غير المشروط لحياد الدولة وعدم اعترافها بأي عقيدة أو دين خاصين. وتتابع النخبة السياسية والفاعلون العموميون بقلق تزايد مظاهر الانغلاق على الهويات الأولى (خاصة الدينية)، وذلك تحديداً منذ الضربات التي تلقتها فرنسا على في الأعوام الماضية من طرف الإسلام الراديكالي. لكن، الأمر لا يتعلق بـ "**الإسلام**" فقط، بل أيضاً بحركات "**الأصوليين الكاثوليك**" و"**الإنجيليين واليهود الأرثوذكس**" وغيرهم، ممن يحاولون جاهدين إيجاد موطئ قدم خاصة ضمن القطاعات المدرسية والثقافية والرياضية ويعمدون إلى نشر ثقافة تحد صريح للعلمانية.

ونرى ذلك في فرنسا خاصة في حالات المساعدين في المدارس الذين يقومون خفية "**بالتبشير**" ويقيمون احتفالات "**خاصة**" لبعض التجمعات اليهودية وكذلك في تنظيم صلوات جماعية من قبل المسيحيين والمسلمين غالباً ما تثير جدلاً كبيراً. وحتى قضية الوجبات الخاصة للمسلمين واليهود في مطاعم المدارس والتي لا تزال تثير نقاشات متنوعة، فقد أكد كلافرول في تقريره أن وجود هذه الظاهرة في مدينة ستراسبورغ الفرنسية مثلاً يقوض مبدأ العلمانية.

ويتابع كلافرول "**في الأماكن التي تطغى فيها أغلبية من معتنقي الدين الإسلامي، فإن الارتباط بالجمهورية ينخفض بتأثير إيمان لا يفتأ**

يزداد وضوحاً وعلانيةً"، ويشير إلى "التفرقة والتمييز المتزايد بين الرجال والنساء" و"نمو المدارس الخاصة" و"التشكيك بمبادئ الجمهورية، وعلى الأخص العلمانية"، التي ينظر إليها باعتبارها "سلاحاً ضد المسلمين"، وغير ذلك.

عمل جيل كلافريول مستشاراً سابقاً في **قصر الإليزيه** أيام الرئيس فرانسوا هولاند، مختصاً ببعض الملفات الداخلية، ثم أصبح مقرباً من رئيس الوزراء الأسبق إيمانويل فالس المعروف بمواقفه المتشددة في الدفاع عن العلمانية والذي عينه على رأس **"مفوضية مكافحة معاداة السامية والعنصرية وكراهية المثليين"**، وبقي في هذا المنصب حتى انتهاء ولاية هولاند.

المسلمون في دولة القانون العلمانية: جدلية المشاركة والاستبعاد(^{١٢})

٢٠١٢/١٢/٥

بقلم: د . هاينــر بيلافيـلد

العلمانية تُفهَم علي أنها أيديولوجية ضد الدين أو ما بعد الدين كنوع من التنظيم الغربي المسيحي الخاص بالعلاقة بين الدولة والدين أو محاولة سيطرة الدولة علي التجمعات الدينية أو كتعبير لاحترام الحرية الدينية للبشر. يضاف إلي ذلك ما انبثق من داخل دول القانون الغربية الأوربية الأخري: فرنسا، إنجلترا، هولندا، ألمانيا وإيطاليا من تقاليد متباينة جداً ذات نبرات

(^{١٢}) موقع مجلة الديموقراطية المصرية — الرابط:

http://democracy.ahram.org.eg/UI/Front/InnerPrint.aspx?NewsI
D=334

والمنشور هنا جزء المقال.

أخري للتعامل السياسي القانوني للدين، فيصير النقاش مهدداً بالغموض الكامل عندما تتقابل تفسيرات الفروع العلمية المختلفة، القانون، (الحقوق)، الاجتماع، اللاهوت أو الفلسفة.

إن الهدف من هذا البحث ليس فقط التوضيح النظري لمفهوم العلمانية الذي يحيط به عدد كبير من التأويلات المحيرة، وإنما متابعة بل وترجيح هدف عملي — سياسي في الوقت عينه، فما يهمني هو الدفاع عن دولة القانون العلمانية كافتراض ضروري للتكوين السياسي المدافع عن التعددية الدينية والدنيوية الموجه لحقوق الإنسان، فمثل هذا الدفاع يمكن أن يكون مقنعاً حقاً، عندما تؤخذ التوضيحات النقدية لمشروع العلمانية بجدية.

كما أن اهتمامي الخاص قائم علي إمكانية، احترام وتقدير دولة القانون العلمانية من الجانب الإسلامي. لتجنب إمكانية سوء الفهم لابد من التوضيح بأنني نفسي لست مسلماً، ولكنني ومنذ سنوات عديدة أخوض، مطمئناً، حواراً منتظماً مع المسلمين — حيث أشعر بارتباط سياسي مع كثير منهم وأحيانا شخصي، فيما يمثل بعضهم خصماً سياسياً إلى حد ما.

يحتوي البحث المعروض (أدناه) علي التقييم والإدراك الذين اكتسبتهما من محادثاتي مع المسلمين. لقد صارت المحادثات لي دافعا إلي إعادة تفكير مبدئي حول معني دولة القانون العلمانية.

حول تحديد علمانية دولة القانون:

١ — علمانية دولة القانون كنتيجة لحرية العقيدة:

إن علمانية دولة القانون – حسب وجهة نظري الجوهرية – هي نتاج حرية العقيدة: إنها تعني تركيباً مبدئياً ضروريا لنظام حقوقي، يقوم علي مبدأ حرية العقيدة كحق من "**حقوق الإنسان**" يحقق بطريقة منتظمة، وإذا أردنا التطرف في القول: لا يوجد تحقيق كامل لحرية العقيدة الدينية خارج نظام دولة القانون العلمانية – هذه النظرية قد لا تقنع لأول وهلة.

ألا يمكن أيضاً تحقيق حرية العقيدة في إطار نظام حقوقي مؤسس دينياً؟

هل تستطيع دولة مسيحية أو إسلامية أن تحترم حرية العقيدة؟ ألا توجد أمثلة تاريخية للتعايش السلمي بين مجموعات دينية مختلفة مثلا تحت سيادة السلطنات الإسلامية؟

حسنا – فلنقر بإمكانية التسامح الديني الحاضر في سياق التقاليد الإسلامية، غير أن حرية العقيدة كحق من حقوق الإنسان، لا تعني التسامح وإنما تعني شيئاً آخر! ويجب ألا توضع في مرتبة واحدة مع التسامح أو يخلط به.

وككل حقوق الإنسان، تتطلب حرية العقيدة الدينية المساواة، بيد أن التسامح قد يعني عدم المساواة. إن مطلب حق الإنسان في حرية العقيدة لا يمكن أن يحل بسياسة تسامح الدولة مع الأقليات الدينية، يضاف إلى ذلك أن حق المساواة كحق ملازم لحقوق الإنسان يتحتم ألا يظل مختصراً في

كتالوج "**فهرس**" الدولة، وإنما يجب أن يتجلي كنظام سياسي قانوني يؤثر في كافة المستويات.

إن حقوق الإنسان لا تمثل حاجزاً لسلطة الدولة فحسب، وإنما تعمل علاوة علي ذلك حسب نص الدستور "**كأساس لأي تجمع إنساني**" (المادة الأولي — الفقرة الثانية من الدستور)، فهي إذا لا تمثل فقط عدم تخطي العلمانية . مفهوم عسير:

تشكل دولة القانون العلمانية في ألمانيا ودول أوروبا الغربية الأخري الهيكا السياسي المؤطر لحياة المسلمين الذين يعيشون بها ويمارسون معتقداتهم فيها، وبالتالي يطرح هذا الوضع أسئلة كالآتية:

ما هو موقف المسلمين من دولة القانون العلمانية، هل تمثل هذه الدولة "**شراً**"، لابد من قبوله بحكم تفوق الأغلبية العددية لغير المسلمين؟

أم ستقدم علمنة (دنيوية) النظام السياسي القانوني فرصة لتجربة أشكال جديدة لنظام إسلامي بذاته مع احتمال التأثير ليس في منطقة الشتات (Diaspora (فحسب بل حتي في البلدان الإسلامية أصلاً؟ كذلك توجد أسئلة في الاتجاه المعاكس: هل هناك، في الأساس، حق مسلم به بلزم المسلمين بقبول علمانية دولة القانون، أليس من واجب التسامح للديانات المتداخلة والثقافات المتعددة أن يترك الخيار مفتوحاً للمسلمين لكي ينظموا شؤوهم المشتركة حسب القانون (الشرع) الإسلامي بدلاً عن القانون العلماني، ألا تمثل العلمانية من جانبها نوعاً من العقيدة الدينية أو (ما بعد

الدينية) والتي تعتبر إلزاماً فحسب للذين يؤمنون بها بمحض إرادتهم؟ إن الإجابة علي هذه الأسئلة أو ما يشابهها يدور بالضرورة حول المفهوم الشخصي للعلمانية.

يؤدي مفهوم العلمانية بالمقارنة بمفاهيم أخري سياسية قانونية دالة — إلى كثير من الاختلاف، بل إلى تداعي أفكار متناقضة الحدود لسلطة الدولة الشرعية، بل هي في الوقت عينه الأساس التي تقوم عليه شرعية النظام القانوني للدولة عموماً، فمن الممكن أن تصبح حرية المساواة كمبدأ من مبادئ حقوق الإنسان أساساً لقانون الدولة عندما يكون الوضع السياسي للأشخاص مستقلا عن تبعيتهم الدينية، ومن هنا يجب ألا يسمح بتفضيل أو ظلم أي شخص بسبب عقيدته الدينية أو الدنيوية.

إن هذا علي كل حال مطلب من مطالب حقوق الإنسان في حرية العقيدة (مطلب **"لم يحل إطلاقاً في ألمانيا كنتيجة سارية المفعول)،** لضمان تساوي جميع رغبات الناس ومن أجل احترام مذاهبهم المختلفة، يحرم علي دولة القانون ألا تتطابق مع دين أو نظرية دنيوية محددة أو حتي أن تتخذ من ذلك أساساً معيارياً لنظامها الخاص.

يتوجب إذا علي دولة القانون الملتزمة بحقوق الإنسان وحرية العقيدة أن تظل محايدة دينياً ودنيوياً، وهذا الحياد الديني الدنيوي لا يعني تقييماً حيادياً عاماً كما أنه ليس له علاقة أبداً بتدهور المبادئ الأخلاقية أو ارتياب معياري شامل.

لقد اخطأ كارل شميدت (Carl Schmitt) عندما ربط النظرة المحايدة للدولة القانون العلمانية جدلياً "**بزمن التحييد**"، يعني أن الأسئلة الدينية والأخلاقية تفقد، وباستمرار، قيمتها. إن الحياد الديني الدنيوي للدولة متعلق بواجب الحياد القانوني الأخلاقي. من أجل احترام حرية العقيدة الدينية والدنيوية يجب أن تقتصر الدولة كسلطة دنيوية علي تنظيم الشروط اللازمة لاحترام الأفراد بعضهم البعض. اعتمادًا علي هذا المعني تكون الدولة دينياً ودنيوياً محايدة، وبالتالي فهي علمانية.

كمثال: القانون يقر بأن لا تمس كرامة أي فرد وكل سلطات الدولة ملزمة باحترامها وحمايتها (المادة الأولي — الفقرة الأولي من الدستور). مهما كانت فكرة كرامة الإنسان كباعث إنجيلي تفسر بأن الإنسان صورة من الإله، أو تُفهَم استناداً علي وجهة نظر القرآن بأنه خليفة الله في الأرض أو تفسر من التقاليد الإنسية (هيومانيزم)، إلا أن ذلك يبقي مفتوحاً نسبياً.

كذلك لا يمكن، ولا يحق للدولة، أن تقرر ذلك بصورة استبدادية. لا يعني عدم تفسير الدولة مثل هذه الأسئلة الدينية، أو الدنيوية عدم المبالاة أو الارتياب أو الاستهانة، وإنما ذلك بدافع احترام حرية البشر الذين بمقدورهم فهم الدولة كرابطة سياسية لا تضير معتقداتهم المختلفة.

إن النظرة الدنيوية المحايدة لدولة القانون العلمانية تجد أساسها في حرية الإنسان كحرية العقيدة الدينية والتي تتضح علي النقيض من القيمة الارتيابية المحايدة. فهي ذات معني وتستحق الدفاع عنها — نعم فبمقدور

الفرد اعتناقها سياسياً لأن دولة القانون العلمانية لا يسمح لها أن تطالب مواطنيها ومواطناتها بعقيدة دنيوية شاملة.

٢ – العلمانية لا تمثل أيديولوجية "ما بعد الدينية"؟

طالما تنحو دولة القانون العلمانية إلى **'الحياد دنيوياً'**، إذ يتوجب علي العلمانية عدم تشكيل أيديولوجية شبه دينية أو ما بعد الدينية للدولة، إن التأكيد السياسي الذي تطلبه الدولة من مواطنيها ومواطناتها لا يهدف إلى الإخلاص الشامل، ولا إلى الاعتراف بالعلمانية الذي تنشده الدولة (حيث لا يمكن قسره في النهاية)، فيظل كاعتراف سياسي بعيداً عن أي اعتراف ديني أو دنيوي.

بلا ريب: يمكن أن يخلق من العلمانية نظرية أيديولوجية دنيوية. كمثال كلاسيكي لذلك ما يقدمه أوجست كونت معتنق الفلسفة الوضعية، وأحد مؤسسي علم الاجتماع، يطرح كونت مذهبه كنوع جديد من الديانة الإلحادية (**ديانة البشرية**).

علي أساس العلم الحديث يتوجب علي علماء الاجتماع حسب كونت تكوين إكليروس علماني كحق شمولي علي المستوي العالمي يقوم واجبهم (ككهنة محدثين للبشرية) علي تشكيل المجتمع أيديولوجيا، ولتحقيق هذا الهدف تسخر كل القوي التقدمية من اقتصاد وأيد عاملة في الصناعة. تحت لواء النظام – الحب – والتقدم – وفقاً لكونت يتوجب علي الدولة والرؤية الدنيوية اللتين انفصلتا نتيجة لأزمات الحداثة ، أن يصلا إلي تشكيل

ثيوقراطية اجتماعية جديدة لا تقل انغلاقاً عن الثيوقراطية القديمة لاتحاد الدولة والدين.

وكما كافحت الثيوقراطية المسيحية في القرون الوسطي الديانات الأخري أو احتملتها على كل حال على حافة المجتمع. فالأسلوب عينه تتبعه الثيوقراطية الاجتماعية لكونت، فتتحري بكل الوسائل السياسية علي فرض إدعائها الأيديولوجي للحقيقة علي كل المنافسين لها.

إن مثل هذه الأيديولوجية العلمانية التقدمية ليس لها أي علاقة إطلاقاً بدولة القانون العلمانية، إذ أن ارتباطها مع سلطة الدولة ينجم في المحصلة عن خراب دولة القانون العلمانية المؤسسة مسبقاً علي حرية العقيدة.

في ظل حق حرية الأديان يتوجب علي دولة القانون العلمانية الانتباه الي عدم تسخير أهداف علمانية أو لائكية. هذا الخطر لا يزال حاضراً رغم أزمة الأيديولوجيات التقدمية الحديثة.

هنا نستحضر بعض الأمثلة التالية:

إن سياسي النظام الدولاني (من دولة)، الذين لا يريدون الخوض — من حيث المستوي في تركيبة بمجتمع الديانات المتعددة — يسخرون من المطالب المختلفة للجماعات الدينية كتدريس الدين في المدارس — بناء المساجد — الاحتفال بعيد الأضحي، ويعتبرونها — بمفاهيم حداثوية — عودة إلى عهود الظلام.

إن المتحجبات من النساء والشابات المسلمات اللائي يرين أنهن ليس فقط في فرنسا العلمانية، بل أيضاً في ألمانيا معرضين للعتاب ويوصفون بالتخلف وعدم مواكبة الحداثة. حسب تقارير الصحف أرسل بيتر فرش (Frich Peter) رئيس **المكتب الاتحادي لحماية الدستور** نداءً لأولياء أمور الفتيات التركيات أن يرسلوا بناتهم إلى المدارس بدون غطاء الرأس الإسلامي، لأنه علامة علي تقصير وعدم الرغبة في الاندماج مع نظام الدستور العلماني.

كذلك يمكن أن يكون **"مشروع الحداثة"** إذا اعتبر نموذجاً محسماً للتقدم الحضاري والأيديولوجي مقابلاً لثقافات **"ما قبل الحداثة"** (والمقصود هنا غالباً الإسلام) — بمثابة فرعين متضادين، فيصبح ذلك جزءاً من تصعيد الخطاب السياسي لعزل الآخر.

لتفادي اللبس والتداخل مع أيديولوجية التقدم العلمانية اللائكية يطلب أن توضح نقدياً معني كلمة: **"دولة القانون العلمانية"**. إن علمانية دولة القانون لا تهدف إلي إبعاد الجماعات الدينية إلي حافة المجتمع بل تضمن لها كل الإمكانيات للانطلاق بحرية، ومن أجل تكوين تعددية القناعات الدينية والدنيوية في المجتمع الحديث وتمكين الحرية والمساواة للجميع .

إن العلمانية المؤسسة علي حرية الإنسان في حرية العقيدة هي عينها المقابل لوصاية الدولة الأيديولوجية، وكذلك الضد للأيديولوجية اللائكية.

٣ - لا فصل بين الدين والسياسة:

إن وجوب فصل الدين عن السياسة نادراً ما يطرح في مجال القانون السياسي العام، كما أن صيغة فصل الدين عن السياسة تظل غير دقيقة ومضللة. وعليه، إذا أخذت حرفياً، سينتفي الإدراك الحر لحرية العقيدة والبناء المعياري لدولة القانون العلمانية.

إن حرية العقيدة لا تختصر في ضمان حرية العقيدة أو المذهب الفردي وإنما تحوي ما هو أبعد من المكون الفردي القانوني غير المتنازل عنه، وكذلك من حق الجماعات الدينية أن تنظم نفسها بحرية دون وصاية عليها من قبل الدولة، وتفتح المجال أيضاً للجماعات الدينية المشاركة في النطاق العام.

بإمكان الجماعات الدينية التعبير عن المسائل السياسية، علي النطاق العام، فهذا ليس فقط مما يتفق مع دولة القانون العلمانية، بل إن هذا بمثابة نتيجة منطقية لفهم مؤكد لحرية العقيدة الدينية والتي تمثل البناء الذي تعتمد عليه دولة القانون العلمانية نفسها.

إن الدين ليس مسألة شخصية، وإنما له مكانته في الحياة العامة. فالمجال العام هو المكان الذي تمارس فيه السياسة في ظل الديمقراطية، وبذلك تستطيع الجماعات الدينية أيضاً أن تشارك في السياسة. هنا لا يدور الأمر حول فصل الدين عن السياسة وإنما الفصل المؤسس بين الجماعات الدينية والدولة: هذا التمييز مهم.

فالذي يطالب باسم العلمانية بفصل الدين عن السياسة إنما ينادي إلي إبعاد الجماعات الدينية عن الحياة العامة ويفصح عن تحكم سياسي استبدادي لائكي لا يتفق إطلاقاً مع حرية العقيدة كحق من حقوق الإنسان.

إن الفصل المؤسس بين الجماعات الدينية والدولة يحمي الجماعات الدينية من قبضة الدولة والتدخل في شؤونها الداخلية، كما يحمي أيضاً الوضع الحقوقي للمواطنات والمواطنين في دولة القانون العلمانية، ويبعد في الوقت عينه التداخل بين العضوية الدينية والدولة، ويكسب هذا الفصل الحرية للطرفين:

للجماعات الدينية وللدولة، (وبناءً علي استقلال الطرفين تستطيع الجماعات الدينية والدولة بلا ريب التعاون مع بعضهم البعض)، كما أن انفصالهم المؤسس لا يعني بتر الوشائج بينهما. فعلاقات التعاون الواضحة بينهما تتفق مع حرية العقيدة دون شك. بناء علي شرط متفق عليه، مثلاً في عدم التمايز أو اضطهاد بمجموعات دينية أخري.

لذا، يجب أن يظل مبدأ الحياد الديني الدنيوي للدولة محافظاً عليه. لقد تطورت علاقات التعاون بين الدولة والكنائس بألمانيا في مجالات كثيرة علي النطاق العام ابتداء بالمساعدات المالية لدعم المستشفيات المسيحية وتدريس اللاهوت في جامعات الدولة والاعتراف بالكنائس قانونياً كمؤسسات عامة.

لقد أثبت هذا التعاون نجاحه من وجوه عديدة. بالنظر للواقع التعددي الديني الجديد في ألمانيا، فإن التضافر بين الدولة والكنيسة مع نمو

المؤسسات الأخري حري بمراجعة نقدية، حتي لا تظل هذه الامتيازات وكأنها امتيازات خاصة من قبل الدولة للكنائس فقط، مستثنياً من ذلك الجماعات الدينية غير المسيحية.

لا تهدف ضرورة المراجعة إلي "**بتر الوشائج**" وإنما لإيصال أفكار عن كيفية وصول مساعدات الدولة — بطريقة عادلة ومفيدة — إلى الجماعات الدينية غير المسيحية.

٤ — العلمانية ليست بالتحديد نموذجاً للحضارة الغربية:

إن الأنظمة الدستورية العلمانية عرفت تاريخياً في أمريكا الشمالية وأوروبا الغربية، ومن الصعوبة الخلاف حول هذه الحقيقة وعليها يطرح السؤال كيف تؤول تاريخياً؟

أتكون النتيجة هي تمثيل دولة القانون العلمانية لتراث الغرب بالتحديد. هل العلمانية هي الوجه المماثل لنتيجة عضوية لتطور خاص للثقافة الغربية مهد لها بداية صراع القرون الوسطي بين الإمبراطورية والكنيسة الكاثوليكية؟ هذا إذا ما لم يكن وجدت جذورها من قبل في مقولة المسيح: "**أعط ما لقيصر لقيصر وما لله لله**".

العلمانية والحرية الدينية في إسبانيا وفرنسا وكينيا[13]

مبارك بلقاسم

٢٠١٦ / ١١ / ١٩

سنواصل في هذا المقال استكشاف المزيد من نماذج الدول العلمانية الديمقراطية الناجحة، حيث سنستكشف دساتير إسبانيا وفرنسا وكينيا التي تنص على فصل الأديان عن الدولة وضمان الحريات الدينية والعقائدية للمواطنين والمواطنات.

وهذا المقال يدخل في إطار سلسلة من المقالات السابقة حول العلمانية والحرية الدينية في عدد من الدول العلمانية الديمقراطية، بعضها ذو أغلبية مسيحية (أمريكا، ألمانيا، أستراليا، البرازيل...) وبعضها ذو أغلبية مسلمة (تركيا، السنغال، كازاخستان، أزربيجان...) وبعضها ذو أغلبية من

(¹³) جريدة هيسبريس المغربية – الرابط:
https://www.hespress.com/writers/329160.html
والمنشور مقتطفات من المقال.

اللادينيين والملحدين (اليابان وكوريا الجنوبية)، وإحداها ذات أغلبية دينية هندوسية (الهند). والمقال السابق كان بعنوان: **"العلمانية والحرية الدينية في أستراليا ونيجيريا وكوريا والبرازيل"**.

العلمانية هي فصل الأديان والعقائد عن الدولة ومؤسسات الحكم، من أجل تفادي التمييز بين المواطنين على أساس أديانهم وقناعاتهم العقائدية، ومن أجل تفادي استبداد الدولة ورجال السلطة بمسائل الفكر والأديان. الهدف من مبدإ العلمانية هو قطع الطريق على محاولة الدولة ورجال السلطة أن يتحكموا في حياة الناس وتفكيرهم الديني والحياتي (والسياسي طبعاً).

العلمانية هي إحدى الأشياء الضرورية لبناء دولة ديمقراطية، ولكن العلمانية لوحدها لا تكفي لبناء دولة ديمقراطية. فمثلاً، الماء ضروري لحياة الإنسان ولكن الماء لوحده لا يكفي للبقاء على قيد الحياة، وإنما يحتاج الإنسان أيضا إلى الأوكسيجين للتنفس والبروتين والسكريات والدهنيات والحركة وأشياء أخرى. ولكن إذا غاب الماء استحال البقاء على قيد الحياة لأكثر من أسبوع مثلاً، ولو توفرت الأشياء الأخرى.

إذن فالعلمانية ضرورية لبناء الدولة الديمقراطية، ولكن هناك أشياء أخرى ضرورية لبناء الدولة الديمقراطية ومنها: تطبيق مبادئ حقوق الإنسان، نظام شفاف لاختيار رجال السلطة ومحاسبتهم من طرف الشعب، والتقسيم الواضح والعادل للسلطات.

الدين هو مجموعة من الأفكار المقدسة المطلقة والقواعد المقدسة المطلقة. حينما تقوم دولة بجعل دين من الأديان ديناً رسمياً لها في الدستور أو القانون، فهي تستورد بذلك كل تلك الأفكار الدينية المقدسة المطلقة والقواعد الدينية المقدسة المطلقة لتكون أعلى مرتبة من الأفكار والقواعد أخرى غير المقدسة وغير المطلقة التي يبدعها الناس باستمرار في حياتهم اليومية. أي أن الدولة الدينية تقوم بتجميد التفكير الحر والتعبير الحر وتمنع الناس من حرية اختراع أفكار جديدة وقواعد جديدة. فالدولة الدينية تقول للناس: نحن لا نحتاج أفكاراً وقواعد جديدة، فنحن لدينا الأفكار المقدسة والقواعد المقدسة الموجودة في ديننا المقدس المطلق الرسمي. فتقوم الدولة الدينية بتطبيق ذلك الدين (المقدس المطلق) على الناس ملغية بذلك إرادة وحرية الذين يرفضون ذلك الدين أو يؤمنون فقط بجزء من ذلك الدين أو يؤمنون بذلك الدين بطريقة مختلفة، أو يؤمنون بأديان وعقائد مختلفة تماماً.

"**المقدس المطلق**" هو غير متسامح بطبيعته واستبدادي بطبيعته لأنه لا يرضى بوجود ما يخالفه. أما "**المتواضع النسبي**" فهو متسامح بطبيعته ومتحرر بطبيعته، لأنه يقبل بوجود ما يخالفه، ويقبل باحتمال أن يكون ما يخالفه أصح منه وأحسن منه.

من حق كل إنسان أن يختار لنفسه الإيمان بحقائق مقدسة مطلقة (كوجود الملائكة والشياطين) ومن حقه أن يطبق على نفسه قواعد مقدسة مطلقة (كالصلاة في أوقات محددة). ولكن حينما يحاول هذا الإنسان أن يجبر الناس على أن يؤمنوا بحقائقه المقدسة المطلقة أو أن لا ينكروها أو أن لا

١١٥

يسخروا منها، فهو إنسان استبدادي يريد أن يفكر بدلهم وأن يقرر مكانهم وأن يختار عنهم (باغي يفكر ليهوم ف البلاصه). وحينما يحاول أن يطبق على الناس قواعده المقدسة المطلقة التي يرفضونها أو لا يقتنعون بها، فهو إنسان يحاول التسلط على الناس والتحكم فيهم، أي أنه إنسان استبدادي يريد أن يحدد للآخرين رغماً عنهم، كيف يعيشون وكيف يفكرون وما يقولون وما لا يقولون (باغي يعيش ليهوم ف البلاصه).

حينما تقوم الدولة بتبني دين معين (الذي هو مجموعة من الأفكار المقدسة المطلقة والقواعد المقدسة المطلقة) فهي تريد أن تفعل ما حاول صاحبنا "**الإنسان الاستبدادي**" أن يفعله منذ قليل وهو: أن تحدد الدولة للناس كيف يعيشون وكيف يفكرون وما يقولون وما لا يقولون. وهذه هي الدولة الاستبدادية. (باغيه تفكر ليهوم وتعيش ليهوم ف البلاصه). فالدولة الدينية هي دولة استبدادية دائماً.

الدولة العلمانية يمكن أن تكون دولة ديمقراطية حرة إذا طبقت العلمانية وحقوق الإنسان وانتخابات شفافة وفصلت بين السلطات ورسّخت محاسبة الحاكم. ولكن يمكن للدولة أن تكون علمانية واستبدادية، إذا اكتفت بالعلمانية وأهملت الأشياء الضرورية الأخرى كحقوق الإنسان والانتخابات الشفافة والمحاسبة.

ودول الصين وكوريا الشمالية وكوبا هي أمثلة من الدول العلمانية الاستبدادية. أما الولايات المتحدة الأمريكية وألمانيا واليابان وكوريا الجنوبية وأستراليا وإسبانيا وتركيا فهي أمثلة من الدول العلمانية الديمقراطية.

ونجد دائماً أن كل دولة ديمقراطية هي علمانية أيضاً، أي أن شرط العلمانية الضروري قد تحقق فيها. ولا توجد أية دولة ديمقراطية غير علمانية. ولا توجد دولة ديمقراطية ذات دين رسمي. ويجب التنبيه إلى أن دساتير بعض الدول العلمانية قد تذكر كلمة "**الله**" أو "**يسوع المسيح**" أو نحو ذلك من الرموز الدينية كنوع من البسملة أو الرمزية الدينية الثقافية، بينما نفس ذلك الدستور يمنع أن يكون للدولة دين رسمي ويضمن حرية اعتناق ونشر الأديان بلا قيود.

فالذي نتحدث عنه هنا ليست الزركشات الدينية والرمزيات العقائدية الثقافية وإنما المحتوى الدستوري والقانوني الصلب الذي هو العلمانية والحرية الدينية. فدستور جمهورية كينيا مثلاً، هو دستور علماني رغم أنه يبسمل في الديباجة بكلمة God ولكنه في الفصل ٨ يقول بأنه "**لن يكون هناك دين للدولة**"، ويضمن الحرية الدينية والعقائدية للجميع رغم أن غالبية الكينيين مسيحيون. فالعبرة طبعاً بالمضمون والمحتوى وليس بالشكليات والرمزيات الثقافية والزركشات الدينية.

ولأن الدولة العلمانية الديمقراطية (التي يؤسسها الشعب) ترفض أن تحدد لأفراد الشعب كيف يعيشون وكيف يفكرون وما يقولون وما لا يقولون وأي دين يتبعون، فإن تلك الدولة العلمانية الديمقراطية ترفض أن يكون لها دين مقدس رسمي تخدمه وتعتني به وتحرسه وتفرضه على الشعب لتتحكم به في الشعب.

(١) العلمانية والحرية الدينية في دستور إسبانيا:

النظام السياسي في إسبانيا هو نظام ملكي برلماني يمارس فيه ملك إسبانيا وظائف رمزية، بينما السلطة الفعلية الحقيقة موجودة لدى الوزير الأول المنتخب والبرلمان المنتخب والسلطة القضائية المستقلة. يبلغ عدد سكان إسبانيا حوالي ٤٦ مليوناً في ٢٠١٦. وحسب مؤسسة Pew Research Center فإن حوالي ٧٨ % من الإسبان يتبعون الدين المسيحي وحوالي ١٩% من الإسبان لا دينيون أو ملحدون.

يقول الدستور الإسباني في الفصل ١٦ باللغة الإسبانية:

....

وترجمته إلى العربية:

١" – حرية الأيديولوجية والدين والعبادة للأفراد والجماعات مضمونة، بلا قيود على التعبير عنها، إلا ما يمكن أن يكون ضرورياً لحفظ النظام العمومي كما يحميه القانون.

٢ – لن يتم إجبار أحد على التصريح بأيديولوجيته أو دينه أو معتقداته.

٣ – لن تكون لأي دين صفة دين الدولة. السلطات العمومية ستأخذ بعين الاعتبار المعتقدات الدينية للمجتمع الإسباني وستقيم بذلك علاقات مناسبة للتعاون مع الكنيسة الكاثوليكية والطوائف الأخرى."

....

(٢) العلمانية والحرية الدينية في دستور فرنسا:

فرنسا دولة علمانية ديمقراطية ذات نظام جمهوري.

....

يبلغ عدد سكان فرنسا حوالي ٦٦ مليون نسمة في عام ٢٠١٦. وحسب مؤسسة Pew Research Center فإن حوالي ٦٣ % من الفرنسيين يتبعون الدين المسيحي، وحوالي ٢٨% من الفرنسيين لادينيون أو ملحدون.

يقول دستور فرنسا في الفصل ١ باللغة الفرنسية:

....

وترجمته إلى العربية:

"فرنسا جمهورية غير قابلة للتقسيم، علمانية، ديمقراطية واجتماعية. وهي تضمن المساواة أمام القانون لكل المواطنين بدون تمييز على أساس الأصل، العرق أو الدين. وهي تحترم كل المعتقدات".

ويقول **"إعلان حقوق الإنسان والمواطن"** Déclaration des Droits de l'Homme et du Citoyen de 1789 الفرنسي الذي صدر عام ١٧٨٩ والذي يشكل أساسا للدستور الفرنسي، في الفصل رقم X (رقم ١٠) باللغة الفرنسية:

....

وبالترجمة العربية:

"لا يمكن أن يتعرض أي شخص للمضايقة بسبب آرائه، حتى لو كانت آراءا دينية، بشرط أن يكون إظهارها لا يخل بالنظام العام كما يؤسسه القانون".

هل تعلم أنه توجد ١٥ دولة علمانية دستورياً أغلب سكانها مسلمون؟(١٤)

مبارك بلقاسم

٢٠١٦ / ٧ / ٣١

في مقال سابق بعنوان "**ما هو الفرق بين الدولة الديمقراطية والدولة الإسلامية؟**" تعرفنا على أهم الخصائص التي تميز نظام "**الدولة الديمقراطية**" ونظام "**الدولة الإسلامية**"، واكتشفنا مدى جذرية الاختلاف وشدة التناقض بين نظام "**الدولة الديمقراطية**" ونظام "**الدولة الإسلامية**".

والآن سنتعرف على ١٥ دولة كلها ذات أغلبية سكانية من المسلمين وتنص دساتيرها على أن "**الدولة علمانية ديمقراطية**" أو على أنها "**دولة محايدة دينياً ليس لها دين رسمي**". وهذه الدول الـ ١٥ هي: تركيا، السنغال، ألبانيا، بوركينا فاسو، كوسوفو، مالي، أوزبكستان، تشاد، غينيا —

---

(١٤) جريدة هيسبريس المغربية — الرابط:

https://www.hespress.com/writers/316166.html

والمنشور مقتطفات من المقال.

كوناكري، قرغيزستان، كازاخستان، أزربيجان، بنغلاديش، طاجيكستان، تركمانستان. وتتوزع هذه الدول العلمانية الـ ١٥ على قارات أفريقيا وآسيا وأوروبا. ويبلغ مجموع عدد سكان هذه الدول العلمانية الـ ١٥ أكثر من ٤٠٠ مليون نسمة. وهذا دون احتساب إندونيسيا (حوالي ٢٥٨ مليون نسمة) التي تملك دستوراً لا يعترف بأي دين رسمي، بل ولا يذكر أي دين بالاسم.

في ما يلي سنقرأ مقتطفات من دساتير هذه الدول الـ ١٥ التي تجعل **"العلمانية"** (فصل الأديان عن الدولة) أحد أسس الدولة.

(١) تركيا Turkey دولة علمانية دستورياً:

تركيا دولة علمانية دستورياً.

....

يقول الدستور التركي في الفصل رقم ٢ باللغة التركية:

وترجمته إلى الإنجليزية (من الموقع الإلكتروني للبرلمان التركي):

....

وترجمته إلى العربية:

"الجمهورية التركية دولة ديمقراطية، علمانية واجتماعية تحكمها سلطة القانون، في إطار مفاهيم السلم العمومي، والتضامن الوطني

والعدالة، وتحترم حقوق الإنسان، ولها ولاء لوطنية أتاتورك، وهي مبنية على المبادئ الأساسية المنصوص عليها في الديباجة".

....

....

(٣) ألبانيا Albania دولة علمانية دستوريا:

جمهورية ألبانيا دولة علمانية دستورياً.

يقول الدستور الألباني في الفصل رقم ١٠ باللغة الألبانية:

....

....

وترجمته إلى الإنجليزية (من موقع منظمة الأمن والتعاون في أوروبا OSCE):

....

وترجمته إلى العربية:

"١ – في جمهورية ألبانيا لا يوجد دين رسمي.

٢ – الدولة محايدة في مسائل الإيمان والضمير وتضمن حرية التعبير عنها في الحياة العمومية".

يريدون إهانة الإسلام والمسلمين من خلال فتح نقاش حول اللائكية ساركوزي.. من العنصرية إلى الإسلاموفوبيا[15]

٢٠١١/٣/٣٠

الجزائر: محمد شراق

[15] نقلاً عن: جريدة الخبر الجزائرية – الرابط:

https://www.djazairess.com/search/%D8%B3%D8%A7%D8%B1%D9%83%D9%88%D8%B2%D9%8A..+%D9%85%D9%86+%D8%A7%D9%84%D8%B9%D9%86%D8%B5%D8%B1%D9%8A%D8%A9+%D8%A5%D9%84%D9%89+%D8%A7%D9%84%D8%A5%D8%B3%D9%84%D8%A7%D9%85%D9%88%D9%81%D9%88%D8%A8%D9%8A%D8%A7+%D9%8A%D8%B1%D9%8A%D8%AF%D9%88%D9%86+%D8%A5%D9%87%D8%A7%D9%86%D8%A9+%D8%A7%D9%84%D8%A5%D8%B3%D9%84%D8%A7%D9%85+%D9%88%D8%A7%D9%84%D9%85%D8%B3%D9%84%D9%85%D9%8A%D9%86+%D9%85%D9%86+%D8%AE%D9%84%D8%A7%D9%84+%D9%81%D8%AA%D8%AD+%D9%86%D9%82%D8%A7%D8%B4+%D8%AD%D9%88%D9%84+%D8%A7%D9%84%D9%84%D8%A7%D8%A6%D9%83%D9%8A%D8%A9

عميد مسجد باريس يرفض المشاركة في نقاش لائكي يهين المسلمين تسعى الحكومة الفرنسية إلى إقناع عمادة **مسجد باريس** المشاركة في النقاش حول **"اللائكية"**، الذي يبدأ في الخامس من أفريل، بعد أن رفض عميد المسجد، دليل بو بكر، تلبية دعوة الحزب الحاكم صاحب المبادرة.

بعد أسبوع من إبلاغ عميد **مسجد باريس**، دليل بو بكر، الحزب الحاكم في فرنسا **"الاتحاد من أجل أغلبية شعبية"**، عدم تلبية الدعوة التي وجهها له الحزب الحاكم للمشاركة في النقاش حول **"اللائكية"**، قال دليل بو بكر، أمس، لـ **"الخبر"** إن وزير الداخلية كلود غيون، زار أول أمس **مسجد باريس**، وتحادث معه بخصوص النقاش المرتقب إطلاقه، وقال العميد: **"لقد دار نقاش حول الموضوع، وأبلغنا الوزير موقفنا القار بشأن النقاش الذي يكتسي طابعاً سياسياً وانتخابياً يغذي الشعور بالإهانة في أوساط المسلمين"**، وأضاف دليل أبو بكر **"لمسجد باريس دور كبير في التعايش بين المسلمين وغيرهم في فرنسا. ودون مسجد باريس، كانت الأمور ستكون أصعب"**. وأضاف العميد **"لقد شرحنا الوضع لوزير الداخلية الفرنسي، وأبدى تفهماً حيال موقفنا، وحاول أيضا تهدئة الأمور"**، مشيراً إلى أن رأي غيون كوزير يختلف كثيراً عن رأي بعض السياسيين الذين يعبرون عن آراء سياسية وانتخابية، حيث يعيش الحزب الحاكم صعوبات جمة عقب خسارته في انتخابات المجالس الجهوية، قبل أن يؤكد أن **"النقاش الذي تبناه الحزب الحاكم سيكون حتى وإن رفضناه"**.

واعتبر دليل بو بكر أن "الجدال المرتقب طرحه يجرح شعور المسلمين ويهين الديانة الإسلامية، ونعتبره بمثابة تعدّ على كل المسلمين في فرنسا، وهذا ما لا نقبله"، وأضاف "هذا النقاش لا معنى له حالياً، ووضعية الفرنسيين في بلدهم لا تختلف عن وضعية المسلمين، حيث يعيشون صعوبات اقتصادية واجتماعية.. لكنها ليست صعوبات دينية"، في معرض تبريره عدم الحاجة إلى فتح نقاش ديني من هذا القبيل، يهين المسلمين في فرنسا، الأمر الذي يفسره بـ "التناقض في المواقف بين الرئيس نيكولا ساركوزي الذي يدفع نحو الاستمرار في جدال الهوية وفتح النقاش حول العلمانية، ورئيس حكومته الذي لا يشجع على مواصلته"، مثلما أكد أحد مساعدي العميد دليل بو بكر.

وتابع بأن "غيون حاول إقناعنا بأن حوار اللائكية لا يضر بالمسلمين، لكننا نعرف مسبقاً أن بيت القصيد هم المسلمون، من خلال مواقف تبناها الحزب الحاكم تجاههم منذ سنوات"، وآخرها ما تعلق بفرض إلقاء الخطب باللغة الفرنسية، والتي قال بشأنها عميد مسجد باريس إنها أقلقت الجالية المسلمة، قبل أن يتراجع عنها "الاتحاد من أجل أغلبية شعبية في فرنسا"، الذي يرأسه جان فرانسوا كوبي.

وتزامن اللقاء بين وزير الداخلية الفرنسي وعميد مسجد باريس مع تواجد وزير الجالية الجزائرية حليم بن عطاء الله، حيث التقى دليل بو بكر الذي أكد أنهما تباحثا حول وضع الجالية المسلمة في فرنسا ووضع المساجد التي يؤدي زيارة لها، في وقت تثار فيه بعض الملفات "الدينية" في فرنسا،

حيث تحاول الحكومة الفرنسية الضغط على الجزائر لإعادة بعث تمويلها لمسجد مارسيليا، حيث كانت الجزائر جمّدت هبة كانت تنوي تقديمها. وحسبما استفيد، فإن السلطات الجزائرية غير راضية عن وصول عدد كبير من المنتخبين من أصول مغربية إلى مجالس الديانات بطرق غير مفهومة، ولم تستسغ الجزائر عملية تهميش الجزائريين، رغم أنهم يمثلون الجالية الأكثر عدداً في فرنسا.

محمّد الشّريف فرجاني: العلمانية منهجاً في التفكير وتحولات الإسلام السياسي[16]

١٩ أغسطس ٢٠١٧
بقلم نادر الحمّامي

الجزء الأوّل:

سعداء – اليوم – باستقبال الأستاذ محمّد الشّريف فرجاني، أستاذ العلوم السّياسيّة والدّراسات العربيّة في **جامعة ليون الثّانية** (l'Université Lumière – Lyon2)، وهو المختصّ، بما كتب وما نُشر له، بالبحث في علاقة الدّينيّ بالسّياسيّ في المجال العربيّ والإسلاميّ بصفة خاصّة، وهذا ما تكشف عنه الدّراسات الكثيرة الّتي أنجزها في هذا المجال تحديدًا، ونشكره جزيل الشّكر لقبوله إجراء هذا الحوار المتجدّد الّذي تنظّمه مؤسّسة "**مؤمنون بلا حدود**" للدّراسات والأبحاث، الأستاذ محمّد شريف فرجاني انطلق

---

(16) موقع مؤسسة مؤمنون بلا حدود

بأطروحته حول العلمانيّة، وحقوق الإنسان في الفكر السّياسيّ العربيّ المعاصر في **جامعة ليون الثّانية**، كان ذلك سنة ١٩٨٩م قبل حصوله على التّأهيل الجامعيّ، الّذي أصبح بموجبه يشرف على أطروحات الدّكتوراه في الجامعات الفرنسيّة، وكان تأهيله الجامعيّ في عمل حول محاور البحث في الإسلاميّات والعلوم السّياسيّة المطبقة على العالم العربيّ وإشكالياتها، وفي هذا المجال البحثيّ الكبير صدرت له بمجموعة من المؤلّفات والكتب والدّراسات الكثيرة والمقالات، ومن أهمّها كتابه: **"الإسلام السّياسيّ والعلمانيّة وحقوق الإنسان"**؛ الّذي صدر سنة ١٩٩١م، ليعيد نشره سنة ٢٠١٢م مع تحيين وتدقيق، بما يحمله هذا التّدقيق من تحوّلات سياسيّة عرفها المجتمع التّونسيّ، والكثير من المجتمعات العربيّة والإسلاميّة، ممّا يوجب إعادة النّظر والتّحيين، نظرًا إلى الفارق بين الزّمنين، وله كتاب آخر بالفرنسيّة بعنوان: **"سبل الإسلام، مقارنة علمانيّة للوقائع الإسلاميّة"** (Les voies de l'islam approche laïque des faits islamiques)، وكتاب حول السّياسيّ والدّينيّ صدر بداية بالفرنسيّة (Le politique et le religieux dans le champ islamique)، ثمّ ترجم – بعد ذلك – إلى العربيّة تحت عنوان: **"السّياسيّ والدّينيّ في المجال الإسلاميّ"**، وترجمه الأستاذ محمّد الصّغير جنجار، وقد كتب – أيضًا – عن **"الدّين والتّحوّلات الدّيمقراطيّة في حوض البحر الأبيض المتوسط"** (Religions et processus de democratization en méditerranée)، وهو كتاب صدر سنة ٢٠١٥م، وكان سبقه كتاب

آخر بعنوان: "**السّجن والحريّة**" (Mots ,Prison et liberté passants)، وهو ضرب من الشّهادة عن تجربة عاشها، وسننطلق منها في الحوار معه، ومن آخر ما كتب حول: "**العلمنة والعلمانيّة في الفضاءات الإسلاميّة**"، وقد صدر منذ شهر أو شهرين.

نلاحظ — إذن — غزارة الإنتاج والتّأليف لديك أستاذ شريف، مع الإشارة إلى أنّني لم أذكر المقالات، وهي عديدة، فلا يمكن إيرادها في هذا التّقديم السّريع، كما نلاحظ أنّك لا تركّز في كلّ تلك المؤلّفات على ثنائيّة الدّينيّ والسّياسيّ في المجال العربيّ فحسب؛ بل تركّز — أيضًا — على نوعيّة المقاربة الّتي تقدّمها؛ وهي مقاربة علمانيّة بالأساس، ويبدو ذلك حتّى في مستوى العناوين، ذلك أنّ كلمة: "**علمانيّة**" أو "**المقاربة العلمانيّة**"، تبدو مركزيّة في كتاباتك، ولعلّ ذلك يوحي بأنّ المسألة تتجاوز مجرّد كونها خيارًا فكريًّا أو إيديولوجيًّا إلى اعتبارها مقاربة في التّفكير؟

● د. محمّد الشّريف فرجاني: أوّلًا؛ أشكر مؤسّسة "**مؤمنون بلا حدود**" لاستضافتي، وليست هذه المرّة الأولى الّتي أُدعى فيها من طرفكم؛ فقد سبق أن شاركت في ندوة نُظّمت في تونس سنة ٢٠١٣م، حول التّحوّلات السّياسيّة في سياق الرّبيع العربيّ، وأشكركم لهذه الاستضافة.
فعلًا، العلمانيّة ليست دينًا جديدًا، وليست موقفًا إيديولوجيًّا؛ إنّما هي موقعٌ من كلّ الأديان، تحترم القناعات والانتماءات الدّينيّة، ولا تتحيّز لواحدة منها على حساب الأخرى، فتقف

على المسافة نفسها منها جميعًا، فأذكر أنّني زرت إندونيسيا في سنة ٢٠٠٨م، وقدّمت العديد من المحاضرات في الجامعات الإندونيسيّة، منها: الجامعات الخاصّة الّتي تشرف عليها جمعيّات دينيّة، مثل: **"المحمّديّة"**، و**"نهضة العلماء"**، وفي إطار تلك المحاضرات؛ فوجئ الحضور بأنّني كنت أتكلّم عن جميع الأديان بالطّريقة نفسها، فسألوني: من أي موقع أنت تتكلّم؟ فقلت لهم: إنّني أتكلّم من موقع الأستاذ الجامعيّ الّذي يتوجّه إلى طلبة لهم انتماءات مختلفة، ولا أعرف انتماءاتهم، ولا أريد أن أخاطبهم بلغة قبيلة من القبائل أو قرية روحيّة من القرى الرّوحيّة، لذلك؛ أردت أن أتوجّه إليكم بلغة يجد كلّ واحد منكم نفسه فيها، ولا تقصي أيًّا منكم، وهذا الموقف – تحديدًا – هو ما أسمّيه العلمانية؛ أي تلك المسافة المتساوية من كلّ القناعات الإيمانيّة أو اللّاإيمانيّة، الدّينية أو اللّادينيّة، ونحن إن لم نأخذ تلك المسافة، فإنّنا سننتهي إلى إقصاء البعض وإلى الحيف في حقّ البعض الآخر، وإلى تمييز البعض عن البعض الآخر، وسيكون موقفنا – بالتّالي – مناهضًا للعلمانيّة.

د. نادر الحمّامي: هذا الموقف الّذي تتّخذه أنت، وتعدّه نوعًا من المقاربة المبدئيّة في النّظر إلى المسائل بصورة عامّة، ومعاملة الأديان بالدّرجة نفسها من موقع الباحث والأكاديميّ، وهذا يبتعد به عن الجانب السّياسيّ ليكون موقفًا فكريًّا، لكن أليس هذا الموقف الفكريّ نفسه مبنيًا – في

الأساس – على موقف سياسيّ؟ وأنا أقول هذا الكلام بناءً على اطّلاعي على تجربتك الشّخصيّة وعلى شهاداتك، وخاصّة، كتابك الّذي يمثّل شهادة حول تجربتك السّجنية من ١٩٧٥م إلى ١٩٨٠م، ثمّ – لاحقًا – سنة ١٩٨٣م؛ أي في تلك الفترة الّتي عرفت حدثًا محوريًّا في الفكر الإسلاميّ، كان له أثر في الفكر العربيّ، وأقصد سنة ١٩٧٩م الّتي شهدت ما يسمّى: **الثّورة الإيرانيّة**، وأعتقد أن هذه الثّورة الّتي تباينت في شأنها المواقف، سواء كانت من طرف الأحزاب الّتي ستتّخذ مرجعيّة دينيّة، وستعبّر عن الإسلام السّياسيّ، أو حتّى في صفوف اليسار – بصورة عامّة – الّذي تباينت مواقفه إزاء هذه الثّورة، فهل كان لهذه التّجربة أثر في تبنيك لهذا الموقف؟

● د. محمّد الشّريف فرجاني: طبعًا، ولكن قبل ذلك أريد أن أضيف أنّ العلمانيّة لا تدعو إلى أناس بدون قناعات، فنحن – جميعًا – لدينا قناعات؛ إنّما العلمانيّة تدعونا إلى تنسيب قناعاتنا بالنّسبة إلى الآخرين، وألّا نعدّ قناعاتنا فوق قناعات الآخرين، أو أنّنا أفضل من الآخرين؛ لأنّ لنا تلك القناعات، أو أنّهم دوننا؛ لأنّ لهم قناعات مختلفة عن قناعاتنا، وذلك ليس خاصًّا في مجال البحث العلميّ، لكن في المجتمع السّياسيّ أيضًا، وفي المدينة بمعنى الفارابي وأفلاطون وأرسطو؛ ففي المجتمع السّياسيّ نحن سواسية بغضّ النّظر عمّا نعتقد، والقوانين الّتي تحكم العلاقات فيما بيننا لا يجب أن تكون مبنية على قناعات هذا أو ذاك، وكلّ شخص عندما يصوّت على قانون سوف ينطلق

من قناعاته، لكنّ القانون سوف يفرض للتوافق الواقع حوله، ولأنّه هو يمثّل الإرادة العامّة أو الجمعيّة، لا لأنّه جاء من قناعات فلان أو فلان.

د. نادر الحمّامي: لن أنسى سؤالي الأوّل، لكن هل يفقد الدّين — بهذا المعنى — عدّه عامل توحيد أو مشترك داخل المجتمع؛ إذا ما فهمنا أن تنظيم المجتمع ينبغي — اليوم — أن يقوم على أساس المواطنة لا على أساس العقائد؟

● د. محمّد الشّريف فرجاني: كلّ مجتمع قامت فيه القوانين والنّظم السّياسيّة، والسّلطة على دين من الأديان أو مذهب من المذاهب داخل دين، أدّت — في النّهاية — إلى الإقصاء والتّمييز، ولذلك؛ لا معنى للمواطنة المؤسّسة على مبادئ دين من الأديان، أيًّا كان تأويل ذلك الدّين؛ لأنّه سوف يؤدّي — بالضّرورة — إلى الإقصاء، والعلمانيّة ليست دينًا يقصي الأديان؛ إنّما هي طريقة إجرائيّة في تنظيم العلاقات داخل المجتمع، وهي — أيضًا — تمثّل المسافة الضّروريّة في مجال البحث العلميّ بين ما يتطلّبه البحث العلميّ من لغة ومن مناهج، ومن مفاهيم مشتركة يلتقي حولها الباحثون، وبين قناعاتهم الشّخصيّة الدّينيّة أو اللّادينيّة، وبالعودة إلى سؤالك حول **الثّورة الإيرانيّة**، لا بدّ من الإشارة إلى أنّها كانت منطلقًا لتحوّل في التّعامل مع الوقائع الإسلاميّة، سواء في مجال الدّراسات الإسلاميّة الاستشراقيّة

بصورة عامّة، أو حتّى في الفضاءات الإسلاميّة المتأثّرة بالتوجّهات الاستشراقيّة أو المناهضة لها، وقد انطلقت تلك الدّراسات – قبل الثّورة الإيرانيّة – من أنّ الإسلام دين خنوع وقبول بأمر الله واستسلام له، وهي تعجّ بمفاهيم الرّكون والطّاعة، ... إلخ، ولكن مع الثّورة تغيّرت مقاربة الوقائع الإسلاميّة؛ فأصبحت تعدّ الإسلام دين الثّورة على السّلطان الجائر، ويمكن أن نقول: إنّ العلاقات فيما قبل كانت محكومة بمقولة **"يزع الله بالسّلطان ما لا يزع بالقرآن"، و"أطيعوا الله وأطيعوا الرّسول وأولي الأمر منكم".**

د. نادر الحمّامي: إذن، فقد كسرت **الثّورة الإيرانيّة** كلّ الآداب السّلطانيّة السّابقة؟

- د. محمد الشريف فرجاني: نعم، لكنّها جاءت لتقول: لا طاعة لمخلوق في معصية الخالق، وأصبح هذا هو الموقف من العلاقة بالسّياسيّ، ونظريّات **الحاكميّة لله**، كما طوّرها أبو الأعلى المودوديّ، وكما طوّرها سيد قطب أصبحت هامشيّة، وبذلك لم يعد الإسلام دين الخضوع للسّلطة؛ إنّما أصبح دين الخروج، وهذا التّحوّل نتج عنه – في تونس – تغيّر في صفوف الجماعة الإسلاميّة التي تكوّنت في السّبعينيّات على أساس توافق مع النّظام البورقيبيّ، على أنّها جمعيّة دعويّة لا تتدخل في السّياسة إلّا من منظور ما يناسب مصالح النّظام، ومن ذلك: معاداتها

لليسار، ومعاداتها للحداثة في شكلها الّذي يناهض بورقيبة، وسكوتها عن الحداثة في شكلها البورقيبيّ، ومعاداتها للشّيوعيّة والقوميّة، وغير ذلك ممّا كان يُسمح به في **مجلة المعرفة**، وفي **جريدة المجتمع** الّتي كانت تُطبع في مطابع **الحزب الدّستوريّ الحاكم**، لكن – مع الثّورة الإيرانيّة – تغيّر اتجاه الجماعة الإسلامية وقالت بأن ذلك التّوافق مع النظام البورقيبي قد انتهى، وأصبحت تطالب لنفسها بحزب سياسي يطمح إلى إنشاء الدّولة الإسلامية كما في إيران؛ هذا التحوّل كان له أثر علينا ونحن نشاهد صور الخميني عائداً إلى طهران من باريس وتلك المظاهرات العارمة، وقد تباينت المواقف في صلب الجماعة التي كنت أنتمي إليها، أي "**آفاق العامل التونسي**" وهي جماعة يسارية ماوية منذ نهاية الستينات، وقد كانت في البداية يسارية متنوعة المشارب، وأصبحت بعد ذلك ماوية في خط واحد في نهاية الستينات، وهذا ما أفرز تباينات فيما بعد، وأدى إلى ظهور اتّجاهات مختلفة بل ومتناحرة في آن...

في السجن كنا معاً نشاهد تلك الصور وقد تباينت أيضا المواقف فيما بيننا؛ ففينا من رأى فيها ظاهرة طارئة لا مستقبل لها ولا تقتضي أن نكترث لها، ورأى أنّه يجب أن يتواصل تفكيرنا في إطار الفكر اليساريّ الماركسيّ، وكانت حينها الماويّة قد دخلت في أزمة في منتصف السبعينيّات، مع دخولنا

السّجن، وكنت من أوّل مَن تباين مع الماويّة منذ بداية السّبعينيّات، نظرًا إلى موقف الصّين من انقلاب النّميري في السّودان، وتقتيله للشّيوعيّين، وموقفهم من انقلاب بينوشي على آلياندي في الشّيلي، وهذه من الأشياء الّتي جعلتني أتباين مع الماويّة مبكّرًا، لكن كان موقفي — منذ ذلك الوقت — يميل إلى الاهتمام بالظّاهرة الدّينيّة، وكان منطلق اهتمامي نضالي ضدّ ظاهرة الإسلام السّياسيّ ودوافعه، فقد كنت أعتقد بضرورة الانتباه إلى هذا الإسلام السّياسيّ النّاشئ الّذي لا يمكن أن نستهين به، أو نعدّه ظاهرة طارئة لا تستحقّ الاكتراث.

د. نادر الحمّامي: وقد كانت هذه ريادة؟

● د. محمّد الشّريف فرجاني: لا أدري، فأنا أقول الأحداث فقط، ومنذ ذلك الوقت بدأت، وقد نشر لي أوّل مقال في هذا الاتّجاه، وهو **"الدّين والدّولة وحقوق الإنسان"** في **"مجلّة أطروحات"** سنة ١٩٨٢م، وهذا المقال قد سبّب لي مشكلات، ودخلت السّجن مرّة أخرى، وتباينت الآراء حول ذلك المقال؛ فقد رأى فيه اليساريّون ابتعادًا عن الأرثوذوكسيّة الماركسيّة، في حين رأى فيه الإسلاميّون موقفًا ناقدًا لهم، وكان موقفي؛ أنّنا إذا لم نكن علمانيّين، فلن ندافع بوفاء عن حقوق الإنسان، وقد كان ذلك هو المنطلق، فغادرت — بعد ذلك — إلى فرنسا سنة ١٩٨٤م مضطرًّا، فقد كنت أستاذ فلسفة، ولم

يقع ترسيمي بسبب سوابقي السّياسيّة، وهناك انتبهت إلى أنّ مقاربة الوقائع الإسلاميّة من منظور المقاومة للإسلام السّياسيّ قد يقع توظيفها من طرف دعاة معاداة الإسلام في الغرب، وقد انتشرت الإسلاموفوبيا هناك واستفحلت، وكنت قد نبّهت — منذ ذلك الوقت — إلى خطورتها، ولم يفهم ذلك الكثيرون، وقد رؤوا في ما أدعو إليه موقفًا توفيقيًّا، وأنا أقول: إنّني ضدّ الإسلام السّياسيّ، لكنّني — في الوقت نفسه — ضدّ عداء الإسلام والمسلمين، كما بدأ يتشكّل على أرضيّة مقولات كثيرة، خاصّة، مقولات برنار لويس الّذي أثّر في ذلك الوقت في التّحوّل الفكريّ الاستشراقيّ في مقاربة الوقائع الإسلاميّة.

. . . .

. . . .

الجيل الثاني من المسلمين الأوروبيين: توليفات بين الدين
والحداثة([17])

قراءة: د. ريتا فرج
الجيل الثاني من المسلمين الأوروبيين: توليفات بين الدين
والحداثة
باحثة لبنانية في علم الاجتماع، عضو هيئة التحرير في مركز
المسبار للدراسات والبحوث

([17]) موقع مركز المسبار للدراسات — الرابط:
https://www.almesbar.net/%D8%A7%D9%84%D8%AC
%D9%8A%D9%84-
%D8%A7%D9%84%D8%AB%D8%A7%D9%86%D9%8A-
%D9%85%D9%86-
%D8%A7%D9%84%D9%85%D8%B3%D9%84%D9%8
A%D9%86-
%D8%A7%D9%84%D8%A3%D9%88%D8%B1%D9%88%D8%
AA%D8%A8-%D9%86-%D9%8A%D9%8A%D8%A8/

يكتسب السجال حول الإسلام في أوروبا حضوراً لافتاً في السنوات الأخيرة. فجر الهجوم الإرهابي على جريدة "**شارلي إيبدو**" الفرنسية الساخرة في يناير (كانون الثاني) ٢٠١٥ وأحداث باريس الدامية في نوفمبر (تشرين الثاني) ٢٠١٥، تساؤلاً أساسياً: ما الذي حدث؟

قبل ذلك طرحت منذ تسعينيات القرن الماضي في فرنسا إشكالية الهوية: "**من هو الفرنسي؟**" (?Qu'est-ce qu'un Français) في وسائل الإعلام والمناظرات الفكرية والكتب، نتيجة التحديات التي يفرضها ملف المهاجرين. انعكس هذا التوجس في الأدب الفرنسي. تمثل رواية "**خضوع**" (2015) (Soumission) التي صنفها النقاد ضمن أدب الخيال السياسي للروائي الفرنسي ميشال ويلبيك هاجساً مضمراً في اللاوعي الجمعي الفرنسي. وقد توقعت بنبرة استشرافية أدبية وصول مسلم إلى رئاسة الجمهورية الفرنسية عام ٢٠٢٢.

في بداية الألفية الثانية أشرف الكاتب الفرنسي إيمانويل برينيه (Emmanuel Brenner) على كتاب "**الأراضي الضائعة للجمهورية**" (٢٠٠٢) وبعدها نشر كتاب: "**فرنسا، احذري فقدان روحك**" (٢٠٠٤). وشهدت الثمانينيات والتسعينيات ظهور خطاب يحذر من مخاطر الدين الإسلامي في المجتمع الفرنسي. نُشر — آنذاك —: "**طوف محمد**" لجان بيار هوغوز (1983) (Jean-Pierre Hugues)، و"**حول الإسلام عموماً والعالم العصري خصوصاً**" لجان كلود بارو Jean-

(1991 ,Claude Barou)، حيث أطلقا صافرة الإنذار من التعاطف المفترض مع الإسلام لدى المثقفين ووسائل الإعلام الفرنسية.

وعلى الرغم من انتشار الأدبيات المحذرة من الإسلام في فرنسا، لا سيما في العقدين الأخيرين، عمل كتّاب آخرون على فهم تعقيدات "**الإسلام الفرنسي**" خارج إطار صدام الهويات والحضارات. ونشرت أعمال عدة اتصفت بالموضوعية والحياد، نذكر منها — على سبيل المثال — كتاب الباحث الفرنسي أوليفييه روا "**نحو إسلام أوروبي**" وهو لا يتخذ نهجاً تقريظياً، إنما يسعى إلى تفكيك الإسلام الأقلوي داخل فضاء علماني لا يكترث بالدين.

في كتاب: "**مسلمون في الحياة اليومية: تحقيق أوروبي حول المجادلة المحيطة بالإسلام**"، الصادر بالفرنسية عام ٢٠١٥، تتناول عالِمة الاجتماع التركية — الفرنسية نيلوفير غول في تحقيق امتد بين عامي ٢٠٠٩ و٢٠١٣، طاول (٢١) مدينة أوروبية، السجالات الدائرة حول المسلمين في أوروبا. قادت فريق عمل واسعاً ضم باحثين وطلاباً في مرحلة الدكتوراه من دول أوروبية عدة؛ لإجراء مقابلات ولقاءات جماعية مفتوحة مع المهاجرين الذين حصلوا على الجنسية الأوروبية بالإضافة إلى الأوروبيين.

تحدد الكاتبة خريطة طريق أساسية. تحاشت الدخول في فضاء البروباغندا الأكثر رواجاً، القائلة بالتعارض بين الإسلام والقيم الأوروبية، فتطرقت إلى مجال المسلمين العاديين. وناقشت ست قضايا رئيسة تُعد من بين الموضوعات الأكثر عرضة للجدال في أوروبا: صلاة المسلمين، الجوامع

والمآذن، الفن، المقدس والعنف في الإسلام، الحجاب، الشريعة الإسلامية، وأنماط الحلال.

الأوروبيون ... قلق الهوية

منذ نهاية القرن التاسع عشر ظهر المسلمون في أوروبا في المشاهد المدينية على خلفيات إثنية ومذهبية عدة. بقي هذا الحضور **"لا انفعالياً"** في مجتمع الأكثرية. وما إن أصبح الإسلام مرئياً في المجال العام، حتى أدى إلى إحداث اضطراب في المتخيل الجمعي الأوروبي في موازاة مبادئ **"الدَّنْيَوة"** (sécularisation) والحرية. تثير غول الإشكالية التالية: هل الإسلام قابل للتكيف مع القيم الغربية أم لا؟

تعود بنا إلى سياقات بارزة جعلت من الإسلام الأوروبي مسألة سياسية وثقافية يتخللها الكثير من التوتر: الإرهاب الإسلاموي، فتاوى التكفير، المحجبات في أوروبا، كما لو أننا أمام حرب يتنافس على ساحتها المسلمون المهاجرون والأوروبيون. وفي ملاحظة دالة تعقيباً على الهجمات الإرهابية التي تعرض لها الغرب، خصوصاً في الولايات المتحدة (٢٠٠١)، ولندن (٢٠٠٥)، تشير الكاتبة إلى أن الجهاديين يعمدون إلى مهاجمة الأماكن العامة الجامعة للألوان: الطرقات، المراكز التجارية، المتاحف، المكتبات، والمدارس، من أجل كسر روابط التلاقي التي تشكل قاعدة مشتركة.

طغى على الكتاب هم معرفي يمكن إدراجه في الثنائية التالية: عالم أوروبي قطع مع الديني مقابل مرئية الإسلام برموزه الدينية والشعائرية. لا تهدف غول إلى تبني اتجاه تعارضي "إما أننا مع **القيم الأوروبية، أو أننا مع الإسلام**". تفادت الدخول في السجالات الهوياتية بغية التركيز على ما هو يومي والمعيوش لدى المسلمين الأوروبيين الذين تناولهم التحقيق الميداني.

نظر بعض الأوروبيين إلى القوى التقليدية حاملة لواء الشريعة وتحجيب النساء داخل أوروبا كـ "**هجمة**" ترفعها قوة الإسلام الوافدة من أرض المسلمين، أي كواقع متحقق عندهم، مما أدى إلى إنتاج تهديد يتقاذفه عالمان متقابلان. هذا "**التوتر القيمي**" ضاعف من التشابك، حيث مُنع في عدد من الدول الأوروبية حمل الرموز الدينية داخل المدارس والمسابح والمحاكم من أجل تحجيم مرئية الإسلام.

تُعد إشكالية العلمانية والإسلام من أكثر الإشكاليات إثارة للجدل في فرنسا. شكل تقديس العلمانية كمبدأ سياسي وثقافي عقبة أمام أشكال التعبير الديني، إذ تعاملت **العلمانية الفرنسية** بقسوة مع المظاهر الدينية. يطرح المؤرخ الفرنسي جان بوبيرو (Jean Baubérot) في كتابه: (Leslaïcités dans le monde) "**العلمانيات في العالم**" رؤية مختلفة، محدداً أربعة مبادئ تنهض عليها العلمانية: فصل الكنيسة عن الدولة، حياد السلطة العامة تجاه المؤمنين، حرية الوعي، والمساواة في الحقوق. بحسب بوبيرو، النقاش حول الإسلام وتحريم الرموز الدينية في المجال العام أدى إلى تضخم مبدأ الحيادية، إلى درجة تحليله كتحييد للمجال العام وليس حياد

السلطة التي تحترم القواعد. وقد صنف هذا المفهوم ضمن خانة "**العلمانية الرادعة**" المانعة للتعابير الدينية التي أباحها قانون ١٩٠٥، حيث أعطى مكانة خاصة للأديان على الرغم من عدم اعترافه بأي ديانة، أي إن حرية المعتقد تكفلها الجمهورية الفرنسية للجميع.

أصبح تقليد العلمانية منظومة تُعرف بها **الهوية الفرنسية**، فغدت شرطاً لاندماج المسلمين المهاجرين. في التسعينيات ظهرت أدبيات تحمل أسئلة الهوية الفرنسية: أيُّ هوية نريد؟ وهل هويتنا كفرنسيين مهددة بعودة الديني المتمثل بالإسلام؟ لم تكن فرنسا استثناء. طرحت ألمانيا سؤال الهوية نفسه حيث صدر كتاب: "**ألمانيا تسعى إلى حتفها**" (L'Allemagne court à sa perte) 2010 للسياسي الألماني تيلو سارازين (Thilo Sarrazin) وامتد هذا القلق من الإسلام إلى إيطاليا عندما نشرت الصحفية الإيطالية أوريانا فالاتشي (1929) (Oriana Fallaci - 2006) بعد هجمات سبتمبر (أيلول): "**الغضب والكبرياء**" (La Rage et l'orgueil) فاستعادت على طريقتها مقولة: "**صدام الحضارات**" التي أسس لها برنارد لويس، واستعان بها لاحقاً صموئيل هنتنغتون، معتبرة الإسلام عدو الغرب. وخلصت عبر مقارنة دينية إلى أن رب المسيحيين ليس لديه أي جامع مشترك مع الله في الإسلام، فالأول رب الحب والغفران والثاني على طرف نقيض.

في المقابل، فتح بعض الكتّاب الأوروبيين السجال حول "**أزمة التعددية الثقافية**" في أوروبا. بالنسبة للفيلسوف الألماني يورغن هابرماس،

تمثل عودة النقاش العام حول الإسلام مؤشراً منبهاً حول كراهية الأجانب (xénophobie) في أوروبا. تناول طارق مودود (عالم السياسة ومفكر التعددية الثقافية في بريطانيا) تعبير **"العنصرية الثقافية"** مقابل جماعات أخرى مختلفة ثقافياً. أما السوسيولوجي الفرنسي فنسان جيسير (Vincent Geisser) فقد ميَّز في كتابه: **"الإسلاموفوبيا الجديدة"** (La nouvelle islamophobie) بين الإسلاموفوبيا والعنصرية، ناظراً إليها من خلال العلاقات بين الأكثرية والأقلية عبر جعل أوروبا الضحية.

حرب كلامية عن صلاة المسلمين والمساجد

طرحت صلوات المسلمين ــ لا سيما صلاة الجمعة ــ في الأماكن العامة مشكلة في فرنسا بدءاً من عام ٢٠٠٠. كانت مارين لوبان (زعيمة الجبهة الوطنية) من أوائل الذين نظروا إلى هذه المسألة من الزاوية السياسية. في ديسمبر (كانون الأول) ٢٠١٠ وصفت الصلوات في الشوارع ب **"الاحتلال"** مقارنة إياها بالاحتلال الألماني خلال الحرب العالمية الثانية. في بولونيا التي تضم أكبر كاتدرائية في العالم سجل نقاش حاد حول صلاة المسلمين في الشوارع والساحات. فتحت التظاهرة التي قام بها المسلمون تضامناً مع أهالي غزة إثر الاعتداء الإسرائيلي عام ٢٠٠٩ والتي تلاها صلاة جماعية باب المخاوف. وقد أدرجت الممارسات الدينية في سياق **أسلمة أوروبا"** و**"التهديد الإسلامي في إيطاليا"**، ونُظر إليها كعلامة دينية تفاخرية مقلقة.

أجرت غول لقاء في بولونيا (يونيو/ حزيران ٢٠٠٩) ضم ثلاث مسلمات محجبات وإمام جامع وشاباً مسلماً مقابل ثلاثة من **رابطة الشمال الإيطالية** المعروفة بطروحاتها الشعبوية والعنصرية، وهؤلاء ينشطون في مجال منع بناء المساجد. كشف الحوار عن استقطاب حاد بين أعضاء الفريق، وعن اختلاف في وجهات النظر. لقد بدا خطاب الإسلاموفوبيا مدمراً للفضاء العام الأوروبي، لا سيما في إيطاليا، وأظهر التحقيق المخاوف المتبادلة بين الطرفين.

شكل الاستفتاء المؤيد لحظر المآذن في سويسرا (٢٠٠٩) ضربة للحريات الدينية والتسامح. أيّد نحو (٥٧.٥ %) من السويسريين مبدأ الحظر على خلفية نمو أيديولوجيا إسلامية. ويشار إلى أن نظام "**الديمقراطية المباشرة**" في سويسرا يسمح للأحزاب ومجموعات من الأفراد بطرح قوانين يصوت عليها من خلال استفتاءات شعبية في تجاوز للبرلمان. بعد أسبوع على الاستفتاء قادت غول فريق عمل في جنيف. أظهر لقاء مع مجموعة من السويسريين والمسلمين الحاصلين على الجنسية السويسرية، تبايناً واضحاً في الآراء: طرف اعتبر أن من حق أتباع الديانات ممارسة شعائرهم الدينية، مع ضرورة احترام القوانين العامة، وآخرون رأوا أنها تهدد الهوية السويسرية. في سراييفو أدت المطالب التي رفعها مسلمون لبناء مسجد جديد في حي "**علماني**" إلى تنامي رهاب الأسلمة.

خلال التحقيق الميداني يوم ٢٧ يونيو (حزيران) ٢٠١٠ كشفت الأفكار خلال الحوار المفتوح عن قلق عام لدى المشاركين من البوسنيين إزاء

مخاطر السلفية. وعلى الرغم من سيطرة مظاهر الإسلاموفوبيا كما تطرحها مسألة بناء المساجد والمآذن، ثمة استثناءات في المجال الأوروبي. تخرج مدينة كولونيا الألمانية على القاعدة، حيث تمكنت الهندسة الجديدة لمسجد كولونيا المركزي المتآلف مع نمط العمارة الأوروبية من إنتاج مساحات للتعارف والتعايش بين الديانات، على الرغم من الاعتراضات التي رافقت مراحل البناء.

الفن والمقدس والعنف

تناقش غول في الفصل الخامس إشكالية الفن والمقدس لدى المسلمين في الدول الأوروبية. وتنطلق من مجموعة ملاحظات أساسية، من ضمنها اللامبالاة المسيحية إزاء أنماط السخرية التي تتعرض لها المعتقدات الدينية في المجال المسيحي، بينما يشدد المسلمون الأوروبيون على ضرورة احترام الديانات دون المساس بالمقدسات. فكيف يمكن فهم هذا التعارض بين منظومتين تنظران إلى الفن والمقدس بأسلوب مختلف؟ تبرز الكاتبة بعض الأحداث التي شكلت جزءاً من السجال العام في أوروبا، مثل الرسوم الدنماركية الشهيرة التي ظهرت في ٣٠ سبتمبر (أيلول) عام ٢٠٠٥، وسيناريو الفيلم القصير الذي وضعته الناشطة أيان حرسي علي **"خضوع"** للمخرج الهولندي ثيو فان غوخ، الذي أدى إلى مقتله عام ٢٠٠٤. بدءاً من التسعينيات أصبحت الروابط بين الفن والأدب والإسلام جزءاً من النقاش العام الدائر في الأوساط الثقافية الأوروبية، مع استعادة متكررة لما تعرض له

سلمان رشدي الذي صدرت فتوى بهدر دمه من قبل الخميني، على خلفية كتابه ذائع الصيت: **"آيات شيطانية"**.

تقدم الأنثروبولوجية الأميركية صبا محمود (١٩٦٢ – ٢٠١٨)، تحليلاً مهماً حول كيفية تفاعل المسلمين مع الرسوم الدنماركية. ترى أها أحدثت جرحاً معنوياً كوها طاولت شخصية الرسول الذي يتمتع بقدسية متعالية، وجددت السجال حول الانتقادات العلمانية الأوروبية، حيال إشكالية الفن والعنف في الإسلام.

العلمانية الإرشادية والحجاب التفاخري

يحمل الحجاب لدى غالبية الأوروبيين معنيين: الرمزية التفاخرية والعزل الجنسي. بدأ النقاش حول الحجاب في فرنسا عام ١٩٨٩ على خلفية طرد ثلاث طالبات مغربيات من **معهد كابريال هافاز** في ضواحي باريس، بعدما رفض مدير المدرسة قبولهن بالحجاب كونه تحدياً صريحاً لعلمانية الدولة. وُضع السجال حول الحجاب على طاولة البحث في فرنسا مجدداً عام ٢٠٠٣ على خلفية حوادث اجتماعية عدة، فتم تشكيل **لجنة ستازي**، وهي لجنة تضم علماء ومفكرين متخصصين في قضايا المجتمع المدني، من بينهم: ريجيس دوبريه، وجيل كيبل، ورينيه ريمون، ومحمد أركون (١٩٢٨ – ٢٠١٠)، بالإضافة إلى موظفين وبرلمانيين يمثلون مختلف الأحزاب، وممثّلين عن منظمات المجتمع المدني. دعا التقرير الذي تقدمت به اللجنة إلى تطبيق مبدأ العلمانية في الجمهورية الفرنسية، وطالب بسن قانون يشدد على علمانية المدارس وحيادها، ويمنع كل الرموز الدينية الواضحة في المدارس والدوائر

الحكومية والبلدية والمستشفيات العامة، بما في ذلك الحجاب والقلنسوة اليهودية والصلبان الكبيرة والألبسة، وكل ما يمكن أن يدل على انتماء ديني أو سياسي.

على الرغم من حال التجاذب المحموم الذي يحمله السجال حول الحجاب في أوروبا، سجلت المسلمات المحجبات حضوراً فاعلاً داخل الأوساط السياسية والثقافية والاجتماعية. كن مرئيات وفاعلات في وسطهن الاجتماعي. وفي سبيل الإضاءة على هذه الفاعلية الأنثوية الإسلامية، كشفت اللقاءات مع المحجبات عن انخراطهن في الثقافة الأوروبية، وعن فاعليتهن كأقلية واعية بحقوقها، بعضهن دافعن عن الحرية الجنسية وعن حقوق المثليين وعن أحقية النساء المسلمات في المشاركة بالحياة السياسية ودخول البرلمان والانتماء إلى الأحزاب. غالبيتهن اعتبرن أن المواطنة الأوروبية تتقدم على كل هويات فرعية أخرى.

ماذا نفعل بالشريعة؟ وأساليب حياة الحلال

خلصت غول إلى أن سؤال الشريعة المطروح في الوسط الإسلامي الأوروبي يتخذ معنيين: الحتمية والمرونة. وأشارت إلى أن الجيل الثاني من المسلمين يبتكرون أساليب توافقية بين الضوابط الإسلامية التي تطالب بها الشريعة وحياتهم كأوروبيين معاصرين مندمجين في ثقافاتهم الأوروبية.

لا يطبق الجيل الشاب في المجتمعات الأوروبية الشريعة بأنماطها التقليدية. يفضلون الاستخدام الانتقائي لـ "**الحلال**". يتجهون إلى ابتكار

مفاهيم جديدة أكثر مرونة وعصرية حول الذبح الحلال والصلاة، والفن، والعلاقة مع الجسد، والجنس والحب والموسيقى. ويعملون على توفير توافقات خاصة تؤهلهم للعيش اليومي ضمن سياقات تجمع بين الدين والحداثة. لقد أنتجوا توليفة خاصة بهم امتدت إلى استهلاك الأكل الحلال، وممارسة الهيب هوب الإسلامي، والمشاركة في الاحتفالات دون شرب الكحول.

يعيش الشباب المسلم تقاليده الدينية وفقاً للسياق الأوروبي، من أجل بناء "**تسوية موقتة**" (modus Vivendi) إسلامية في حياتهم اليومية، استناداً إلى انتقائية تسمح لهم بالولوج إلى حياة عصرية دون التخلي عن الممارسات الدينية، وعن خصوصيتهم كمسلمين مؤمنين.

يكشف الكتاب عن التوليفات الدينية والمجتمعية التي أنتجها الجيل الثاني من المسلمين في مجالٍ أوروبي يتخذ مواقفاً حادة من الدين برموزه المادية والرمزية. لقد دمجوا مظاهر الحداثة مع إيمانهم الديني، فأضفوا أشكالاً جديدة من التهجين تختلط فيها الهوية الدينية مع العرق والثقافة الأوروبية.

الإسلام في أوروبا: قلق متبادل على الهوية[18]

الإسلام الأوروبي تحول إلى مسألة سياسية يشوبها التوتر في ظل أسئلة عن قابلية المسلمين للتكيف مع القيم الغربية.

٢٠١٨/٤/١٣

يكتسب السجال حول الإسلام في أوروبا حضوراً لافتاً في السنوات الأخيرة. حيث فجر الهجوم الإرهابي على جريدة: "**شارلي إيبدو**" الفرنسية

---

[18] موقع جريدة العرب اللندنية – الرابط:
https://alarab.co.uk/%D8%A7%D9%84%D8%A5%D8%B3%D9%84%D8%A7%D9%85-%D9%81%D9%8A-%D8%A3%D9%88%D8%B1%D9%88%D8%A8%D8%A7-%D9%82%D9%84%D9%82-%D9%85%D8%AA%D8%A8%D8%A7%D8%AF%D9%84-%D8%B9%D9%84%D9%89-%D8%A7%D9%84%D9%87%D9%88%D9%8A%D8%A9

الساخرة في يناير من العام ٢٠١٥ وأحداث باريس الدامية في نوفمبر ٢٠١٥، تساؤلاً أساسياً: ما الذي حدث؟

قبل ذلك طرحت منذ تسعينات القرن الماضي في فرنسا إشكالية الهوية **"من هو الفرنسي؟"** في وسائل الإعلام والمناظرات الفكرية والكتب، نتيجة التحديات التي يفرضها ملف المهاجرين. وانعكس هذا التوجّس في الأدب الفرنسي. تمثل رواية: **"خضوع"** (٢٠١٥)، التي صنفها النقاد ضمن أدب الخيال السياسي للروائي الفرنسي ميشال ويلبيك، هاجساً مضمراً في اللاوعي الجمعي الفرنسي. وقد توقعت بنبرة استشرافية أدبية وصول مسلم إلى رئاسة الجمهورية الفرنسية عام ٢٠٢٢.

وعلى الرغم من انتشار الأدبيات المحذرة من الإسلام في فرنسا، لا سيما في العقدين الأخيرين، فإن كتاباً آخرين عملوا على فهم تعقيدات **"الإسلام الفرنسي"** خارج إطار صدام الهويات والحضارات. ونشرت أعمال عدة اتصفت بالموضوعية والحياد، نذكر منها، على سبيل المثال، كتاب الباحث الفرنسي أوليفييه روا **"نحو إسلام أوروبي"** وهو لا يتخذ نهجاً تقريظياً، إنما يسعى إلى تفكيك الإسلام الأقلوي داخل فضاء علماني لا يكترث بالدين.

الأسئلة الحادة عن قابلية المسلمين للتكيّف مع القيم الغربية، لا تحجب أسئلة مقابلة عن وجاهة تحوّل العلمانيات الأوروبية إلى علمانيات رادعة للتعبيرات الدينية. هذا النقاش يعكسُ قلقاً متبادلاً على الهوية يسود منذ فترة في أوروبا، فرضته عوامل متضافرة، بدأت من شيوع التعبيرات

الإسلامية المتطرفة في الفضاء الأوروبي العام، وتواصلت مع رد فعل يميني عمّم النظرة إلى الوجود الإسلامي على أنه احتلال جديد.

وبين النظرتين ظل التوتر القيمي سائداً ما اضطر الأجيال الشابة إلى ابتكار تسويات مؤقتة لوجودها تسمح لها بمواكبة عصرها وباحترام خصوصياتها في آن منذ نهاية القرن التاسع عشر ظهر المسلمون في أوروبا في المشاهد المدنية على خلفيات إثنية ومذهبية عدة. بقي هذا الحضور **"لا انفعاليًا"** في مجتمع الأكثرية. وما إن أصبح الإسلام مرئياً في **المجال العام** حتى أدى إلى إحداث اضطراب في المتخيل الجمعي الأوروبي في موازاة مبادئ **"الدَّنْيَوة"** والحرية. وتثير عالمة الاجتماع الفرنسية من أصل تركي نيلوفر غول، في كتابها: **"مسلمون في الحياة اليومية: تحقيق أوروبي حول المجادلة المحيطة بالإسلام"**، الإشكالية التالية: هل الإسلام قابل للتكيف مع القيم الغربية أم لا؟

ولذلك فهي تعود إلى سياقات بارزة جعلت من **الإسلام الأوروبي** مسألة سياسية وثقافية يتخللها الكثير من التوتر: الإرهاب الإسلاموي، فتاوى التكفير، المحجبات في أوروبا، كما لو أننا أمام حرب يتنافس على ساحتها المسلمون المهاجرون والأوروبيون. وفي ملاحظة دالة تعقيباً على الهجمات الإرهابية التي تعرض لها الغرب، خصوصاً في الولايات المتحدة (في العام ٢٠٠١)، ولندن (٢٠٠٥)، تشير الكاتبة إلى أن الجهاديين يعمدون إلى مهاجمة الأماكن العامة الجامعة للألوان: الطرقات، المراكز التجارية، المتاحف،

المكتبات، والمدارس، من أجل كسر روابط التلاقي التي تشكل قاعدة مشتركة.

نظر بعض الأوروبيين إلى القوى التقليدية حاملة لواء الشريعة وتحجيب النساء داخل أوروبا كـ "**هجمة**" ترفعها قوة الإسلام الوافدة من أرض المسلمين، أي كواقع متحقق عندهم، مما أدى إلى إنتاج تهديد يتقاذفه عالمان متقابلان. هذا "**التوتر القيمي**" ضاعف من التشابك، حيث مُنع في عدد من الدول الأوروبية حمل الرموز الدينية داخل المدارس والمسابح والمحاكم من أجل تحجيم مرئية الإسلام.

تُعد إشكالية العلمانية والإسلام من أكثر الإشكاليات إثارة للجدل في فرنسا. شكل تقديس العلمانية كمبدأ سياسي وثقافي عقبة أمام أشكال التعبير الديني، إذ تعاملت **العلمانية الفرنسية** بقسوة مع المظاهر الدينية. يطرح المؤرخ الفرنسي جان بوبيرو في كتابه: "**العلمانيات في العالم**" رؤية مختلفة، محددا أربعة مبادئ تنهض عليها العلمانية:

فصل الكنيسة عن الدولة، حياد السلطة العامة تجاه المؤمنين، حرية الوعي، والمساواة في الحقوق. بحسب بوبيرو، فإن النقاش حول الإسلام وتحريم الرموز الدينية في المجال العام أدى إلى تضخم مبدأ الحيادية، إلى درجة تحليله كتحييد للمجال العام وليس حياد السلطة التي تحترم القواعد. وقد صنف هذا المفهوم ضمن خانة "**العلمانية الرادعة**" المانعة للتعابير الدينية التي أباحها قانون ١٩٠٥، حيث أعطى مكانة خاصة للأديان على الرغم من

عدم اعترافه بأي ديانة، أي أن حرية المعتقد تكفلها الجمهورية الفرنسية للجميع.

طرحت صلوات المسلمين — لا سيما صلاة الجمعة — في الأماكن العامة مشكلة في فرنسا بدءاً من عام ٢٠٠٠. وكانت مارين لوبان (زعيمة **الجبهة الوطنية** اليمينية) من أوائل الذين نظروا إلى هذه المسألة من الزاوية السياسية. في ديسمبر ٢٠١٠ وصفت الصلوات في الشوارع بـ **"الاحتلال"** مقارنةً إياها بالاحتلال الألماني خلال الحرب العالمية الثانية.

وفي بولونيا التي تضم أكبر كاتدرائية في العالم سجل نقاش حاد حول صلاة المسلمين في الشوارع والساحات. وفتحت التظاهرة التي قام بها المسلمون تضامنا مع أهالي غزة إثر الاعتداء الإسرائيلي عام ٢٠٠٩ والتي تلتها صلاة جماعية باب المخاوف. وقد أدرجت الممارسات الدينية في سياق **"أسلمة أوروبا"** و **"التهديد الإسلامي في إيطاليا"**، ونُظر إليها كعلامة دينية تفاخرية مقلقة.

شكل تقديس العلمانية عقبة أمام أشكال التعبير الديني، إذ تعاملت **العلمانية الفرنسية** بقسوة مع المظاهر الدينية

شكل الاستفتاء المؤيد لحظر المآذن في سويسرا عام ٢٠٠٩ ضربة للحريات الدينية والتسامح. حيث أيّد نحو ٥٧.٥ بالمئة مبدأ الحظر على خلفية نمو أيديولوجيا إسلامية. ويشار إلى أن نظام **"الديمقراطية المباشرة"** في سويسرا يسمح للأحزاب ومجموعات من الأفراد بطرح قوانين يصوت

عليها من خلال استفتاءات شعبية في تجاوز للبرلمان. بعد أسبوع على الاستفتاء قادت الكاتبة نيلوفر غول فريق عمل في جنيف. أظهر لقاء مع مجموعة من السويسريين والمسلمين الحاصلين على الجنسية السويسرية، تباينا في الآراء: طرف اعتبر أن من حق أتباع الديانات ممارسة شعائرهم الدينية مع احترام القوانين العامة، وآخرون رأوا أنها تهدد الهوية السويسرية.

وفي سراييفو أدت المطالب التي رفعها مسلمون لبناء مسجد جديد في حي "علماني" إلى تنامي رهاب الأسلمة. خلال التحقيق الميداني الذي أجريَ في يونيو ٢٠١٠ كشفت الأفكار خلال الحوار المفتوح عن قلق عام لدى المشاركين من البوسنيين إزاء مخاطر السلفية.

ورغم سيطرة مظاهر الإسلاموفوبيا، كما تطرحها مسألة بناء المساجد والمآذن، فإن ثمة استثناءات في المجال الأوروبي. حيث شذّت مدينة كولونيا الألمانية على القاعدة، حيث تمكنت الهندسة الجديدة لمسجد كولونيا المركزي المتآلف مع نمط العمارة الأوروبية من إنتاج مساحات للتعايش بين الديانات، رغم الاعتراضات التي رافقت مراحل البناء.

وتبرز الكاتبة بعض الأحداث التي شكلت جزءا من السجال في أوروبا، مثل الرسوم الدنماركية التي ظهرت في ٣٠ سبتمبر ٢٠٠٥، وسيناريو الفيلم القصير الذي وضعته الناشطة أيان حرسي علي: "خضوع" للمخرج الهولندي ثيو فان غوخ، الذي أدى إلى مقتله عام ٢٠٠٤. بدءاً من التسعينات أصبحت الروابط بين الفن والأدب والإسلام جزءا من النقاش الدائر في الأوساط الثقافية الأوروبية، مع استعادة لما تعرض له سلمان رشدي

الذي صدرت فتوى بهدر دمه من قبل الخميني، على خلفية كتابه ذائع الصيت: "**آيات شيطانية**".

لا يطبّق الجيل الشاب في المجتمعات الأوروبية الشريعة بأنماطها التقليدية، بل يفضلون الاستخدام الانتقائي لـ "**الحلال**". يتجهون إلى ابتكار مفاهيم جديدة أكثر مرونة وعصرية حول الذبح الحلال والصلاة، والفن، والعلاقة مع الجسد، والجنس والحب والموسيقى. ويعملون على توفير توافقات خاصة تؤهلهم للعيش اليومي ضمن سياقات تجمع بين الدين والحداثة. فقد أنتجوا توليفة خاصة بهم امتدت إلى استهلاك الأكل الحلال، وممارسة الهيب هوب الإسلامي، والمشاركة في الاحتفالات دون شرب الكحول.

ويعيش الشباب المسلمون تقاليدهم الدينية وفقا للسياق الأوروبي، من أجل بناء "**تسوية مؤقتة**" إسلامية في حياتهم اليومية، استنادا إلى انتقائية سمح لهم بالولوج إلى حياة عصرية دون التخلي عن الممارسات الدينة، وعن خصوصياتهم كمسلمين مؤمنين.

فرنسا "العلمانية" والمسلمون(^{١٩})

٢٦ فبراير ٢٠١٨
باسكال إيمانويل غوبري
كاتب مقيم في باريس وزميل "مركز الأخلاق والسياسة
العامة" في واشنطن

عندما مررت **"الجمعية الوطنية"** في فرنسا قانوناً الشهر الماضي
يحظر على أعضاء البرلمان ارتداء أو إظهار الرموز الدينية، قال الكثيرون إن
ذلك يتوافق مع تقاليد البلاد الطويلة في العلمانية الصارمة للدولة. والحال أن
الحظر ــ أو التفكير الراديكالي الذي يقف وراءه ــ أصبح حاجزاً رئيسياً أمام
إدماج الجاليات المهاجرة.

---

^{١٩}) موقع جريدة الاتحاد الإماراتية ــ الرابط:
http://www.alittihad.ae/wajhatdetails.php?id=977
85

وضمن تأييده للحظر الجديد، شدد رئيس الوزراء السابق مانويل فالس علنٍ، أن القانون يُعد استمراراً طبيعياً لتقاليد فرنسة طويلة في فصل الكنيسة عن الدولة في فرنسا. ويمثل موقف فالس الرأي الغالب للنخبتين السياسية والثقافية الفرنسيتين، لكنه رأي بجانب للصواب على النحو الذي سنبينه هنا. فخلال التاريخ السياسي الفرنسي المعاصر، بما في ذلك عقب قانون ١٩٠٥ الذي أسس لفصل الكنيسة والدولة، كان أعضاء الجمعية الوطنية يُظهرون الرموز الدينية، وخلال معظم هذا التاريخ لم يخطر لأحد أبدا أن ذلك يمكن أن يتناقض مع العلمانية بأي وجه.

ومن الوجوه السياسية البارزة خلال مرحلة ما بعد الحرب كان بعض القساوسة الكاثوليك يجلسون في البرلمان بردائهم التقليدي. فهذا "آبيه بيير"، وهو رجل دين فرانسيسكاني كان يتصدر قوائم استطلاعات الرأي لأكثر الشخصيات العمومية شعبية في فرنسا نظراً لعمله الإنساني لعقود حتى وفاته في ٢٠٠٧. لقد بدأ في الحياة العامة كعضو في **الجمعية الوطنية** ولم يتخل يوماً عن لباسه الديني. وكذلك الحال بالنسبة للأب فيليكس كير، وهو شخصية لم تبتعد يوماً عن مركز الساحة السياسية الفرنسية لأكثر من عقدين من الزمن. وهناك أيضاً السعيد بنعيسى بوعلام، ممثل **"الجزائر الفرنسية"** وقتئذ، والذي كان يجلس في البرلمان بزيه الأمازيغي التقليدي وعمامته، متشبثاً بلباسه كرجل دين مسلم. ومع ذلك، انتُخب أربع مرات لمنصب نائب رئيس **الجمعية الوطنية**.

وعليه، فإن قانون ١٩٠٥ أنهى الدعم العام للمؤسسات الدينية، لكنه لم يؤسس أي حكم قانوني أو ثقافي ضد التعبير العام عن القيم الدينية. فلماذا تقال لنا اليوم أشياء مختلفة؟

الجواب بديهي: فخلال العقود القليلة الماضية، هاجر ملايين المسلمين إلى فرنسا. ووقتها فقط، ظهر هذا الفهم الجديد للعلمانية. وطبعاً فإن الأسطورة القائلة بأن علمانية الدولة كانت دائماً تتبنى مثل هذه التأويلات الصارمة، ملائمةٌ وتخدم أهداف من يدفعون بها: إذا كانت ثمة مشاكل مع المسلمين الفرنسيين في فرنسا، فإن سبب ذلك يعود لرفضهم تبني قانون العلمانية المقدس.

بيد أن قياس التحيز ضد المسلمين صعب، من جهة لأنه يصعب فصله عن أشكال أخرى من التحيز، ومن جهة أخرى بسبب "تابو" فرنسي قوي ضد الدراسات الاجتماعية للأديان. غير أنه في ٢٠١٥، وجد الباحثون من "**معهد مونتين**"، وهو مركز أبحاث وسطي وواحد من المؤسسات الفرنسية القليلة التي تهتم بهذه المسألة، طريقة ذكية لقياس التحيز ضد المسلمين وفصله عن التحيز العرقي أو عن التحيز الذي يدخل في إطار معاداة الأجانب عموماً، وذلك عبر التقدم بطلبات وظيفة باستخدام سير ذاتية مزيفة لأشخاص وهميين. الشخصيات التي ابتكروها من أجل طلبات الوظائف كلها لبنانية، والاسم الأول لمقدم الطلب يشير إلى انتمائه الديني. وبالتالي فإن الاختلافات في معدلات الإجابة على هذه الطلبات يمكن نسبتها إلى تحيز ضد الدين، وليس إلى تحيز عرقي أو تحيز يندرج ضمن إطار معاداة

الأجانب. وجاءت النتائج جد دالة ومعبرة: ذلك أن احتمال تلقى مقدمي الطلبات الكاثوليك لمكالمة رداً على طلباتهم كان يعادل ضعف احتمال، تلقي مقدمي الطلبات المسلمين عندما كانت السير الذاتية متطابقة في كل الجوانب ما عدا الانتماء الديني.

وكان استطلاع للرأي أجرته مؤسسة **"هاريس إنترآكتيف"** في ٢٠١٣، أي قبل هجمات **"شارلي إيبدو"** في نوفمبر ٢٠١٥ الإرهابية، وقبل موجة اللاجئين التي أججت التوتر أكثر، حول آراء الفرنسيين في الجاليات الدينية، أسفر عن نتائج مذهلة: ٧٣ % من المستجوَبين قالوا إن لديهم رأيا سلبيًا عن الإسلام، في حين قال ٩٠ % إن ارتداء الحجاب الإسلامي **"لا يتوافق مع الحياة في المجتمع الفرنسي"**، وقال ٦٣ % إن الصلاة خمس مرات في اليوم أمر **"لا يتوافق"** معهم أيضاً.

والواقع أنه إذا كانت مشكلة الفرنسيين مع الإسلام تتعلق بالعلمانية، فإن الراهبات الكاثوليكيات اللاتي يرتدين الحجاب أيضاً ينبغي أن يُعتبرن **"غير متوافقات"**، والحال أن أغلبية المستجوَبين في استطلاع الرأي نفسه كانت لديهم آراء إيجابية حول الكاثوليكية. والواقع أن الظاهرة برمتها تتم في اللاوعي إلى حد كبير، لكن دوغما **"العلمانية"** الفرنسية تترجم، عملياً، إلى تعصب مؤسساتي. والنتيجة المتوقعة لذلك هي دائرة مفرغة من التطرف المتبادل!

ينشر بترتيب خاص مع خدمة "واشنطن بوست وبلومبيرج نيوز سيرفس.

"العلمانية الإيجابية"(٢٠)

٢٨ سبتمبر ٢٠٠٨

محمد برهومة

درج الباحثون والكتّاب على التمييز بين **العلمانية الفرنسية والعلمانية الأميركية**، وتطرقوا إلى الحديث عن "**علمانيات أنجلو ساكسونية**" مختلفة عن تلك النسخة من العلمانية في فرنسا أو تركيا، حيث "**الحساسية السلبية**" تجاه الدين، بعكس العلمانيات الأخرى المذكورة، التي تقدّم مقاربة متصالحة مع الدين، دون أن تفقد مسألة كونها علمانية، حيث الدولة محايدة أمام الأديان وأمام مواطنيها على اختلاف مذاهبهم وأديانهم،

---

(٢٠) موقع جريدة الغد الأردنية – الرابط:

http://www.alghad.com/articles/543302-
%D8%A7%D9%84%D8%B9%D9%84%D9%85%D8%A7%D9%
86%D9%8A%D8%A9-
%D8%A7%D9%84%D8%A5%D9%8A%D8%AC%D8%A7%D8
%A8%D9%8A%D8%A9?desktop=1

وحيث حريتا التعبير والاعتقاد مكفولتان، والمجال الديني منظَّم عبر الدولة بشكل لا يسمح بهيمنته على الشأن العام أو تدخله في مجالات غير مجاله.

لكنّ مجيء "**حزب العدالة والتنمية**" في تركيا إلى السلطة أتاح المجال للحديث عن التوفيق بين الإسلام والعلمانية والإسلام والديمقراطية، كما أن وصول الرئيس الفرنسي، نيكولا ساركوزي، إلى هرم السلطة في بلاده أتاح الحديث عن طرحه رؤية جديدة لـ "**العلمانية الفرنسية**". والحقيقة أن ساركوزي منذ أن كان وزيراً للداخلية في بلاده قبل سنوات، يطرح أفكارا جديدة حول دور الدين في المجتمع، بشكل يتجاوز أو يصطدم مع التيار السائد في فرنسا، الذي ما زال يصرّ على إقصاء الدين عن الحياة العامة، وإبعاد جميع أشكال الرموز الدينية عن الشأن العام والسياسة.

ولقد طرح ساركوزي رؤيته لما أطلق عليه "**العلمانية الإيجابية**" أول مرة في كانون الأول (ديسمبر) ٢٠٠٧ أمام أحبار الكنيسة الكاثوليكية، وأعاد طرحه ثانية أمام البابا بنديكتوس السادس عشر لدى زيارته فرنسا منتصف هذا الشهر. وتقوم "**العلمانية الإيجابية**"، أي غير المعادية للدين، كما يطرحها ساركوزي، على معانٍ متعددة أهمها:

١. دعوة المؤسسات الفرنسية إلى التصالح مع الشعور الديني وعدم الصطدام به، والتأكيد بأن ليس بمقدور العلمانية اقتلاع فرنسا من جذورها الدينية المسيحية.

٢ . إن "**العلمانية الإيجابية**" برأي ساركوزي، علمانية تحترم وتجمع وتحاور وليس علمانية تستبعد أو تنقض.

٣ . يؤكد ساركوزي أن الفرنسيين "**فخورون بجذورهم المسيحية، وبأن دور القيم المسيحية في تماسك المجتمع وتناسقه لا يقلّ أهمية عن دور القيم الجمهورية المدنية والعلمانية بفرنسا**". أي أن ساركوزي يميل إلى أن للدين في القرن الحادي والعشرين دوراً مهماً في المجتمع، ويستلزم أن يشارك في نقاشات المجتمع.

٤ . في زيارته إلى العاصمة السعودية الرياض في كانون الثاني (يناير) ٢٠٠٨ أشاد ساركوزي بـ "**ميراث الأديان التمدنيّ**"، وحين كان وزيراً للداخلية، وتحديداً في ٢٠٠٣ أنشأ "**المجلس الفرنسي للديانة الإسلامية**"، حيث أصبح الممثلون الدينيون أشبه برموز سياسية، وهو أمر جديد على **العلمانية الفرنسية**.

ساركوزي، الذي لا يخفي ميوله تجاه الدين ودوره، لا يعبّر في طرحه لـ "**العلمانية الإيجابية**" عن الشرائح الثقافية والسياسية الأوسع في المجتمع الفرنسي، التي تؤكد حظر الرموز الدينية، ولا تبدو حتى الآن مهيأة أو متشجعة أو في وارد إعادة نظر جذرية أو دراماتيكية في موضوع **العلمانية الفرنسية**. وينتقد البعض، لا سيما اليسار الفرنسي، ساركوزي بأنه قد يهدد بحديثه هذا مبدأ "**حياد الدولة**" أمام جميع مواطنيها وأمام الأديان التي ينظر إليها كدائرة خاصة لا مكان لها في الفضاء العام.

بابا الفاتيكان يبدو معجباً بطروحات ساركوزي، وهي شجعته ليعلن في زيارته قبل نحو أسبوعين لفرنسا أن الدين، والسياسة يجب أن يكونا منفتحين على بعضهما بعضاً، وأن العلمانية لا تتعارض مع الدين، وأن للدين مكاناً في السياسة وأن ثمة أهمية للقيم المسيحية في المجتمع.

ساركوزي ليس متأثراً فقط بأنماط التفكير السياسي الأميركي، بل متأثر، على ما يبدو، كذلك بنموذج **العلمانية الأميركية**، وهو يلاحظ أن تغييرات كثيرة حدثت في العالم على مستوى شبكة المفاهيم والعلاقة بين الدولة والمجتمع ودور الدين في الحياة، كما يلاحظ أن فرنسا متعددة الأديان، والإسلام مثلاً هو الدين الثاني فيها، ويزيد أتباعه على الخمسة ملايين شخص. وهو يرغب ربما في أن يقدّم طروحات جديدة تمنح بصمة جديدة للسياسة الفرنسية منها: **"الاتحاد من أجل المتوسط" و"العلمانية الإيجابية"**، والدور الفرنسي الجديد في الشرق الأوسط.

"العلمانية الإيجابية" تفتح نافذة جديدة للنقاش حول العلمانية، أو بعبارة أدق حول **"العلمانيات"**، وهي تقدّم أيضا مساحة مهمّة لمزيد من الجدل والنقاش حول الدين في المجتمعات العربية والإسلامية، وهو موضوع مقالة مقبلة.

لحظة تأسيس الولايات المتحدة الأمريكية لمجتمع حديث متحرر من الدين، كيف انحرف المسار؟!([21])

٢٠١٦/٧/١٠

كتبه: سام هاسبلي

ترجمة: سحر الغامدي

مؤلف وباحث أمريكي زائر في معهد الدين والثقافة والحياة العامة في جامعة كولومبيا ومدير تحرير Aeon.

([21]) موقع حكمة – الرابط:
http://hekmah.org/%D9%84%D8%AD%D8%B8%D8%A9-%D8%AA%D8%A3%D8%B3%D9%8A%D8%B3-%D8%A7%D9%84%D9%88%D9%84%D8%A7%D9%8A%D8%A7%D8%AA-%D8%A7%D9%84%D9%85%D8%AA%D8%AD%D8%AF%D8%A9-%D8%A7%D9%84%D8%A3%D9%85%D8%B1%D9%8A%D9%83%D9%8A/

في البداية كان هناك شيء، والذي كان ضد الله، ومن هنا قد تكون بداية العلمانية الأمريكية. في وقت تأسيس الولايات المتحدة الأمريكية كان الازدهار المفاجئ الغير مناسب للعلمانية، حيث اجتاحت موجة من العقلانية البروتستانتية التبشيرية على مدى عصور طويلة ولكنها لم تُنكر بالكلية، وفي عام (١٧٨٨) حين اعتمدت الولايات المتحدة الدستور أصبحت أول جمهورية حديثة تقوم على الفصل القانوني بين الكنيسة والدولة، في دولة تملك القداسة لنوايا مؤسسيها في العصر الثوري، حيث إن الطموحات العلمانية لأولئك المؤسسين كانت واضحة..

فتوماس جيفرسون كتب كتاب: "**الحياة والأخلاق ليسوع الناصري**" في محاولة منه لإثبات أن يسوع لم يكن المسيح ولم يكن كذلك ابن الله، وعرف عنه تعبيره البليغ "**جدار الفصل بين الكنيسة والدولة**"، ولايزال يمثل المثل العلماني الأعلى لفصل السلطة الدينية عن السياسة.

جيمس ماديسون، المؤلف الرئيسي لـ **دستور الولايات المتحدة**، كان أكثر صرامةً وثباتاً، فهو علماني. على أساس ما أسماه: "**الحرية الدينية الخالصة**"، عارض ماديسون العسكريين ورجال الدين في الكونغرس، معتبراً إياهم محسوبين على الحكومة الدينية. كل خطوة صغيرة من هذه "**الحرية الدينية الخالصة**" كما كتب، أن "**ترك هذه الفجوات قد يعرض للاضطهاد؛ فالتعصب وحش ... يتغذى ويزدهر على سمومه**". وهذا باختصار الذي حدث، كيف لهذه البلاد التي أسست بواسطة علمانيين

حالمين، وبالتطورات التاريخية في جانبي الحرية الدينية وفصل الدين عن القوة السياسية، أن تصبح سياستها ديموقراطية دينية؟

فهم العلمانية بطريقة أفضل يساعد على إجابة هذا السؤال. فالعلمانية لا تُعرف بطريقة مبسطة فهي حياة سياسية وفلسفية وفهم لاهوتي مختلف، نسختها اللاهوتية والفلسفية تشكلت من عدة أفكار بسيطة، والأفكار أقل أهمية من المؤسسات إذا كانت الفكرة جديدة في شكلها السياسي. فالسبب وراء هدم العلمانية الأمريكية هو ضحالة بنائها المؤسساتي.

أما من حيث اللاهوتية، فالعلمانية بدعة أنغلو — بروتستانتية والتي نشأت على هامش القرن (١٨) في الإمبراطورية البريطانية، وفي القرنين الماضيين تطورت فروعها في الكاثوليكية والإسلام، والأصول في هذه الأديان وأديان أخرى قد أعيد بناءها، وتأثير العلمانية يرجع لحد كبير إلى ارتفاع قوة الولايات المتحدة في العالم الحديث.

قبل القرن (١٨) (على وجه التحديد عصر الثورة في فرجينيا) لم يوجد بمجتمع حديث سعى إلى قانون يفصل السياسة والحياة الاجتماعية والمؤسسات المدنية عن الدين، لأن هذا الفصل يتناقض مع الكاثوليكية والتي تحتكر الحقيقة والسبيل إلى النجاة داخل الكنيسة وتعاليمها، وهذه التعاليم تحمل كل تكتيكات وعقيدة وتاريخ الكنيسة. المترجمون الإنجليز غالباً ما يقدمون الدين العربي كدين، لكنه حقيقة يعني طريقة حياة تتضمن القانون والسياسة والمؤسسات وأكثر، وينطبق الشيء نفسه على الدراما السنسكريتية

حيث كانت ببساطة البروتستانتية التي رسمت منهجاً بحيث لم يعد مسألة منفصلة عن بقية الحياة (مسألة شخصية) لصياغة العلمانية المعروفة.

ولأن العلمانية بروتستانتية الأصل وتاريخها يتضمن أفكار مارتن لوثر الذي جادل في أن المرء لا يحتاج لمؤسسة ولا إلى سلسلة من رجال الدين كي يتصل بالله، بل أصر على أن المرء يمكنه أن يصل إلى الخلاص بواسطة الإنجيل وحده وكما قال المعمدانيين في أمريكا الجنوبية **"اسلك الصراط المستقيم"**، ومن هذا المنطلق انكشفت آثار جذرية كما لاحظت الكاثوليكية أن أفكار لوثر لم تكن فقط تحد للتعاليم الدينية بل امتهان للمؤسسة الدينية، فصارت التجربة المقدسة مسألة خاصة وهذا الذي خلق الفردية المستقلة الحديثة.

وبالطبع لوثر لم يكن علمانياً فدافعه كان حماية الدين من السياسة وليس العكس، عند لوثر الإيمان كان له الأهمية الكبرى ليكون في مأمن من ملوثات السلطة الدنيوية، ثانياً، نصرة لوثر للسيادة الفردية لم يكن لها علاقة بأي نوع من أنواع المساواة في القرن التَّاسِع عشر، فالميثودية قالت: **"ميثودزم تكره الديمقراطية بقدر كرهها للخطيئة"**، وحديثها كان مشابها لمؤسس البروتستانتية والذي لم يشكك في احتمالية توارث الحالات الاجتماعية، لتزداد المعاناة.

فكرة المساواة السياسية ولدت في عصر الثورة وكانت فكرة لا يمكن تصورها من مؤسس البروتستانتية بل كان سيجرمها ويعتبرها هرطقة، ومع ذلك، في عصر الثورة عندما تبنى المزارعون في فيرجينيا الأمريكية فكرة **سيادة**

الفرد باسم الحرية الدينية، كانوا يتبعون بوضوح خطى لوثر، بينما الكاثوليكية والإسلام واليهودية لم تقدم أي مسار مماثل يخدم السيادة الفردية، نظام جيفرسون الأساسي للحرية الدينية في فرجينيا عام (١٧٨٦) ينص على أن للناس حق الاعتقاد بأي الآراء الدينية مهما كانت تحت اسم: **الحرية الدينية** وكتب ماديسون مبتهجاً لجفرسون أن "**في هذه المدينة تنطفئ جميع الآمال الطموحة في جعل القانون متماشياً مع العقل البشري**".

جيفرس متفق على أن الذي حصل كان حدثاً تاريخياً، كان رده واضحاً بأن أعداء الحرية على مر التاريخ كانو الملوك والوعاظ والنبلاء، فقد تآمروا لعدة قرون لجعل الناس تحت مظلة الجهل.

وكتب أيضاً أن لفيرجينيا شرف عظيم بتقديم أول مجلس تشريعي والذي يملك الشجاعة الكافية ليعلن أن الرجل يمكن أن يكون محل ثقة مع مختلف آرائه، جيفرسن شعر أن الشرف أيضاً كان له كما اختار أن يكتب على شاهد قبره.

وفي سياق الفلسفة السياسية الحديثة المبكرة، التصريح الذي ينص على أن الرجل يمكن أن يكون محل ثقة مع مختلف آرائه كان طريقة أخرى لتطبيع محتوى جذري يقول بمساواة جميع الناس، هذه الجملة الشهيرة: "**كل الناس خلقوا سواسية**" لم تعن أن الناس يمتلكون قدرات بدنية وفكرية متساوية، بل تعني أن الناس جميعهم قادرون على التصرف بمسئولية تامة خاضعين للمسائلة الأخلاقية، فهناك إذا ارتباط فكري واضح مع تقييم لوثر للسيادة الفردية.

١٧١

على أي حال بالنسبة للوثر إشراك **السيادة الفردية** كان لاهوتياً أكثر من كونه اجتماعياً أو سياسياً، فالأمراء سيظلون على حالهم وكذلك الفلاحون، ببساطة **السيادة الفردية** للوثر ليس لها أي آثار اجتماعية وسياسية على عكس الحرية الدينية الأمريكية والتي أخذت محلها في فرجينيا أثناء عصر الثورة، حيث تضمنت اختلافات بسيطة والتي خلقت الاختلاف الكبير. ولاية فرجينيا جعلت الحرية الدينية تسري على كل أحد حتى أولئك الذين لا يملكون مؤهلات علمية أو لاهوتية، لوثر كان رجل دين واسع الاطلاع يمكنه أن يتصور المناقشات اللاهوتية فقط من خلال عدد بسيط من العلامات المتشابهة.

جيفرسن صور مدى النظام في ولاية فرجينيا عندما قال: "**لا يضرني اعتقاد جاري بوجود عشرين إله أو نفي وجوده بالكلية، فاعتقاده لا يسرق جيبي ولا يكسر ساقي**"، وذلك ما سمي بحماية المبادئ العامة للمعتقدات الدينية، المعتقدات تميل لأن تكون أفعال وتلك الأفعال قد تؤدي في بعض الأحيان لإيذاء الآخرين كما حدث على مر التاريخ، نظام جيفرسن الأساسي لولاية فرجينيا لم يضمن أي حماية لتلك الأفعال لكنه منحها للذين يحتفظون بمعتقداتهم كقناعات خاصة بهم. الفكرة هي أن الاعتقاد والأفعال، الإيمان والحياة يمكن فصلها بسهولة لتطبيق العلمانية.

أهداف فرجينيا كانت على عكس أهداف لوثر فهم يعتقدون أنهم يحمون الأمة بفصل السياسة عن الدين، ويحمون المجتمع السياسي من سموم بعض المتدينين، ومن وجهة نظر لاهوتية، علمانيتهم كانت مبتدعة، فهي

قلصت دور الكنائس المؤسسة وفصلت الدين عن العالم وجعلته مسألة خاصة تخص الفرد، وهذه الخصوصية الإلزامية كانت أحد أوجه انتصارات العلمانية بالرغم من عدم اكتمالها.

الإيمان يميل إلى تصور الإله وعيسى، الله، القرآن والإنجيل كسلطة لا تضاهى ولا شبيه لها فريدة من نوعها، بالتالي هي تفسر الالتزام العلماني بجعل الدين مسألة خاصة هرطقة وإثم.

ورغم أنها مسألة تاريخية كون العلمانية وليدة الأنجلو — بروتستانتية إلى أنه من الصحيح أيضاً، القول إن العلمانية الأمريكية في القرن الثامن عشر لم تكن نفسها بفعل المخاوف اللاهوتية، بدلاً من ذلك الفلسفة قادتها وأهدافها كانت سياسية تماماً.

أبسط طريقة لفهم الفكرة الأساسية للعلمانية هي أن نفهم أن المعنى الأصلي المضاد لها ليس ديني بل إلهي، فالعلمانية تشير إلى كل تلك الأشياء التي ليست من اختصاص الإله، فتنشغل العلمانية بالأمور الوقتية، بينما ينشغل الله بالأمور الأبدية. ظل هذا المعنى الفلسفي للعلمانية كالدنيوي واضحاً وصريحاً عند الكاثوليكية للقانون العلماني أو قانون العالم والثقة والأرض والمواريث والتي كان من المفترض أن تتضمن الكنيسة. القانون العلماني يقف على النقيض من ذلك كله فهو دون القوانين الإلهية.

وفي الوقت نفسه استخدم جيفرسن مصطلح العلمانية في يوليو (١٧٨٨) حيث كانت في نفس هذا المعنى الفلسفي، كاتباً بحماس لأحد الأصدقاء عن عمل بييرا سيمون دي لابلاس، عالم الرياضيات والفلك

الفرنسي الذي اكتشف أن التسارع طويل الأجل وتخلف حركة القمر تتزامن مع تلك للشمس. ولا بلاس، أثبت أن اختلاف مدارات الكواكب دلل آخر على (ليس بشكل منحرف) نظرية إسحاق نيوتن للجاذبية، وهذا الاختلاف أدى الى تكهن نيوتن بأن التدخل الالهي أبقى النظام الشمسي في حالة توازن مداري. اكتشافات لابلاس أزالت فكرة تدخل الله من السماء، فالسرعات المتتابعة للقمر كانت نتيجة قوى الجاذبية المكتشفة من قبل البشر والتي يمكن التعبير عنها رياضياً، لا بفعل يد الله.

خبراء الاقتصاد والإحصاء لا زالوا يستخدمون مصطلح علماني على نفس سياق جيفرسون في التسارع طويل الأجل والتخلف، والذي يعني في الأساس التغير على المدى البعيد. في القرن الثامن عشر كان هناك سؤال بسيط :هل كان لـ الله تدخلات في هذا العالم؟ بالنسبة لجيفرسون اكتشاف لابلاس حسم الأمر، فالله لم يكن له أي تدخل في الكون وذلك سبب الكثير من الانفعال بسبب السلطة الكبيرة التي كانت لدى المفكرين التنويرين وبسبب كونه سياسياً.

جيفرسون جلب هذه الفكرة الفلسفية الأساسية في ملاحظاته على ولاية فرجينيا (١٧٨٥) يشرح فيها أصل جبال البلو ريدج ووادي شيناندواه حيث قدم شرحاً جيولوجياً يتحدى فيه الفهم المسيحي للخلق تحدياً مباشراً. فقد كتب جيفرسن لكل من يطّلع ويبحث في جبال بلو ريدج أنه: **"يمكن أن يرى أن الأرض تم إنشاؤها في الوقت المناسب حيث أن الجبال تشكلت أولا ثم بدأت الأنهار في التدفق بعد ذلك وفي هذا المكان**

بالتحديد تم حصرها بجبال بلو ردج" ثم أكمل "فحص بسيط للتضاريس كشف كيف أن المحيط قد ملأ في مرة واحدة النهر حيث شق الجبل، وكذلك فحص بسيط للصخور يشهد كيف تشكلت بواسطة قوى ضد الطبيعة"، هذه الجملة: **"الأرض تم إنشاؤها في الوقت المناسب"**، و**"القوى ضد الطبيعة"** لم تكن مصطلحات دقيقة، فتاريخ الطبيعة بدل قصة الخلق الخارقة للطبيعة. وفيزياء لابلاس شرحت كيفية عمل الأكوان، والجيولوجيا كذلك (لا اللاهوت) تشرح ملامح الارض.

بالنسبة للمفكرين التنويرين هذه الاكتشافات في الفيزياء والجيولوجيا جلبت معها عواقب سياسية مباشرة، إذا كانت الفيزياء أحدثت الأكوان والجيولوجيا درست ملامح الأرض، فذلك يجعل للناس حق وضع قوانين المجتمع السياسي. وفي افتتاح و**إعلان الاستقلال** عام (١٧٧٩) — عندما تكون في مسار الأحداث البشرية — يجسد هذا ارتفاع التاريخ والسلطة البشرية على اللاهوت والسلطة الإلهية.

الأحداث هي أحداث إنسانية طالما أن الإله ليس له أي التزام سياسي سلطوي، الناس يستطيعون اختيار الحلول وإعادة صياغتها ذلك هو سبب الإعلان الذي قيل فيه إنه في بعض لحظات التاريخ يصبح من الضروري على شخص من الناس أن يحل القيود السياسية والتي تربطهم مع بعضهم البعض وعلى العكس من ذلك شخص واحد لا يمكنه حل الالتزامات الإلهية فهي أبدية من صنع الإله. إنه ليس من الصعب جدا فهم المسار الذي قاد لتطور السيادة الفردية من البروتستانتية الأصلية إلى علمانية

القرن ١٨ والتي امتدت بعد ذلك لحق الضمير الفردي للجماهير، وليس صعبا كذلك أن نرى كيف أن الفلسفة العلمانية وفرت أسباب قوية لفصل السياسة عن الدين إلى مجالات مختلفة ولكن عندما يتعلق الأمر بالعلمانية نفسها والتي تبني مؤسسات لزرع أهداف علمانية عميقاً في المجتمع هنا فقط يصبح من الصعب ذلك.

وصلت **العلمانية الأمريكية** إلى طريق مسدود في الحياة السياسية حيث أن المشكلة البسيطة كانت تكمن في عدم شعبيتها، عدم الشعبية كان أحد أسباب بقاء **العلمانية الأمريكية** غامضة، عادة الأفكار السياسية الكبيرة تأتي للعالم بأسماء ومصطلحات معينة ويكون لها مؤيدون ومناصرون، غالباً كتابياً. في **إعلان الاستقلال** أعلنت الولايات المتحدة الاستقلال الوطني وكذلك أعلنت عن نظرية جديدة للسيادة في العالم وسرعان ما دخلت الأدب السياسي العالمي، تفاصيل الأوراق الفدرالية وضحت مبررات الدستور للولايات المتحدة الامريكية.

عند ولادة الأفكار السياسية الكبيرة كما هو الحال في إعلان ميلاد وريث لولي العهد. بيان العامة المصطنع يدعو إلى نقل الشرعية، في بعض الأحيان الأسماء تصل بعد ذلك بوقت قصير، **البيان الشيوعي** لماركس وإنجلز خير مثال على ذلك، لكن لم يكن هناك بيان للتفاصيل العلمانية ولا إعلان ولادة لها.

تاريخياً، كان هناك بعض الظروف الغريبة، الثورة تؤدي إلى إنجاز تاريخي ولكن البدايات والعوامل لهذا الإنجاز، وحتى أصولها المحددة بشكل

معتدل بقيت غامضة وغير معلنة، لا أحد تقدم بعرض نظرية للمفهوم أو أي بيان رسمي لإيضاح مبادئها ولا أحد استخدم المصطلح، والشيء نفسه لم يكن حتى على أسس ذات مبادئ، معروف. فقط من خلال محادثات خاصة بين ماديسون وجيفرسون وحلفائهم في محاولة منهم لدفع المقاييس العلمانية من خلال المجلس التشريعي لولاية فرجينيا.

في منتصف (١٧٨٠) والتي كشفت عن وجود خطة لن تكون أبداً، خطة تدرك تمام الحقيقة أن المجتمع العلماني سيعتمد على المؤسسات العلمانية، الفصل بين الكنيسة والولاية لم تكن فكرة فقط بل كان فعل سياسي، فعل سياسي صعب التحقيق، في ولاية فرجينيا في عهد الثورة كان دعم الكنيسة للبريطانيين في حرب الاستقلال قدجعلها ضعيفة حيث دعمت ٩١ رجل دين قبل الحرب وبعد السلام في باريس في عام (١٧٨٣) وتبقى فقط ٢٨ من رجال الدين الأنجليكيين في ولاية فرجينيا والتي يبلغ عدد سكانها ٦٩٠٠٠٠ نسمة ولا زال أغلب الناس يتوقعون أن الكنيسة الأنغليكانية ستبقى الكنيسة الرسمية لولاية فرجينيا وأن فيرجينيا ستواصل الاعتراف بالمسيحية، باترك هنري قبل أن يصبح حاكماً أعد مشروع قانوني يدعو ولاية فيرجينا للاعتراف بالمسيحية باسم الدين الحق، وأن على كل مواطن دفع العشر الإلزامي للحكومة، ودعا أيضاً إلى الاعتراف بوجود الجنة والنار، وأن العهد القديم والجديد من أصل الهي وأن يعبد الإله المسيحي علناً، جون مارشال وجورج واشنطون وغيرهم من السياسيين الآخرين دعموا مشروع هنري.

١٧٧

ومع ذلك فإن الرقابة الإجرائية على جزئية هنري أدت إلى تأجيل التصويت على مشروع القانون وأما ماديسون فقد شرع للتطبيق، جهفرسن وماديسون كانا معارضين وبشدة للكنيسة، والاعتراف بأي دين للدولة، وعلى الرغم من أنهما كانا يعلمان أن وجهات النظر التي يحملانها ضد الدين لم تكن تحظى بشعبية كبيرة، وليس لديهما الفرصة لنشر مبادئهما، بدلاً من ذلك ماديسون خطط لترويع القساوسة، والمعمدانيين وغيرهم من الطوائف المتناحرة بتخويفهم من أن الكنيسة الرسمية للدولة ستكون الكنيسة الأنغليكانية القمعية وليحقق غايته كتب الانتقاد: العريضة والاحتجاج ضد التقييمات الدينية (١٧٨٥). نجحت العريضة لأن كل طائفة من المسيحيين في فيرجينيا أرادت أن تكون كنيستهم هي الكنيسة الرسمية للدولة وإذا لم تكن كنيستهم فإنهم لا يرغبون بكنيسة أخرى.

الكراهية المتبادلة بين الطوائف أصبحت أكثر اشتعالاً، كتب ماديسون لتوماس جيفرسون (١٧٨٥) "**أنا بعيد كل البعد عن كوني آسف لما حصل**" الصفة الرسمية لولاية فيرجينيا أو الفصل بين الولاية والكنيسة أصبح نموذجاً للفصل الوطني، ولكنه كان ممكناً فقط من خلال مجموعة من البرلمانيين الدجالين ونخبة من الطائفيين المتلاعبين الكارهين.

أول فصل سياسي بين الكنيسة والولاية كان حينها بمقياس سلبي بحت، حيث يعادل القيام بإبادة وتطهير الغابات لهدف البناء فقد دمر ما رأته العلمانية كامتياز عام غير طبيعي لمؤسسة فاسدة والتي تحمي أصحاب المصالح في الخرافة والاستبداد، التدمير على أي حال لم يكن يكفي لخلق

مجتمع علماني بل وجب اتخاذ تدابير إيجابية وتبديل دور الكنائس وخاصة في وظائفها الاجتماعية.

لم يصف أحد هذه الحاجة أفضل من جان بول المخطط في النظام التعليمي للدولة الفرنسية **"السر كان معروفاً جيداً عند الكهنة"**، قال عام (١٧٩١) **"هم يأخذون العقد من الرجل عند ولادته ومرة أخرى في طفولته ومراهقته وبلوغه، عندما يتزوج وينجب أطفالاً، وفي لحظات حزنه وندمه وفي خلوته بضميره وفي مرضه وموته"**، المدارس العامة يجب أن **"تعمل تحت اسم الحقيقة والحرية"**، وأما الكنيسة **غالباً "تعمل تحت اسم الخطأ والعبودية"**.

ببساطة، المجتمع العلماني يتطلب تأسيس المدارس والمكتبات العامة حيث تدار من قبل معلمين مؤهلين، وكان على التعليم العلمي والفلسفي استبدال التأثير المعنوي والبرامج الاجتماعية والتعاليم التاريخية من الكنائس. في جلسة الجمعية لولاية فرجينيا (١٧٨٥ — ٨٦) اقترح جيفرسون ثلاثة مشاريع قانونية تهدف لإنشاء مؤسسات لعلمنة المجتمع في فيرجينيا، اقترح مشروع قانوني لإنشاء نظام مدرسي غير ديني منظم بواسطة المقاطعة أو الإقليم ويوفر تعليم مجاني من خلال الصفوف الابتدائية المنظمة، لقطع روابط كلية وليام وماري التابعة للكنيسة وجعلها أحد الكليات الجمهورية وإنشاء نظام مكتبة عامة يتمحور حول العلوم والفلسفة والتربية المدنية. أحد حلفاء جيفرسون وصف الطموح والتدابير المتخذة على أنها اقتراح خطة جميل وبسيط حيث أنه مكن العلم من الوصول لكل بيت.

١٧٩

العلمانية الأمريكية في القرن ١٨ فهمت أن الدين جلب عالم من الأفكار (حياة اجتماعية كاملة في بعض الأحيان) كما أنه جلب فرصة سياسية لفرجينيا، للغني والفقير. القليل جداً من الناس سيديرون ظهورهم عن كل هذا لمجرد الخروج من مبدأ سياسي. العلمانية تقدم بدائل حقيقية: مدارس – مكتبات – أفكار – قصص – نماذج للمجتمع، حياة نشطة ومستمرة لفيرجينيا، ملاحظات جيفرسون على ولاية فرجينيا شرحت الخطة التي سيتم من خلالها تنظيم المدارس العامة واستبدال التاريخ المقدس بالتاريخ الحقيقي المدنس، المدارس ستصبح مجانية للجميع لمدة ثلاث سنوات، والاختبارات ستخرج أفضل الطلاب من البيئات الفقيرة وهؤلاء الطلاب سيحصلون على المزيد من التعليم الأفضل على حساب الدولة من خلال كلية وليام وماري، وكتب جيفرسون إنه و بهذه الوسائل سيتم انتشال العباقرة من القمامة.

والهدف من ذلك كله كان توفير التعليم المناسب للأشخاص الذين يتعين عليهم العمل كمواطنين، أشار كذلك إلى أن الأطفال لابد أن يتلقوا تعليما جيدا في اللغات والتاريخ الأمريكي والرياضيات والعلوم بدلا من وضع الكتاب المقدس والعهد في أيديهم حيث أن أحكامهم لم تنضج بما فيه الكفاية، وكتب أيضا أنه لا يوجد قانون أكثر شرعية من توفير الفن العلماني وتعليم العلوم للشعب كله، فإن ذلك يجعلهم أوصياء على حريتهم الخاصة.

وبالتأكيد الخاسر الأكبر من هذا التنظيم هي الكنائس، ولكن معارضتهم منعت ذلك حيث أن طبيعة المجتمع الزراعي الجنوبي لا تتوافق مع

البدائل المحتملة مثل أنظمة المدارس الحكومية والمكتبات التي تديرها الدولة للسلطة الزراعية، المفكر الأمريكي العظيم للقرن ١٩ والذي كان تحت رحمة العبودية (فريدريك دوغلاس) دعا الى محو الأمية في سيرته الذاتية "**الطريق من العبودية إلى الحرية**"، حيث أشار إلى أنه أخبر سيده أن يعلمه الأبجدية "**ستنتهي العبودية بمجرد تعليمك للعبيد كيف يقرأون ويكتبون**".

السلطة الزراعية لم تود تعريض نفسها للخطر من أجل رؤى القليل من الربوبيين المنحرفين، وفي الوقت نفسه كان هناك سبب كون الإنجيل الكتاب الوحيد الذي سُمح للعبيد باقتنائه والتنقل فيه بحرية حيث أنه يجيز العبودية ويلزم بالطاعة والاستسلام للسيد "**على العبيد طاعة ساداتهم والخضوع لهم كما يجب أن تكون الطاعة للمسيح**" ....

كان الرق ببساطة أكثر أهمية لبناء المجتمع الأمريكي من العلمانية.

العلمانية الأمريكية شهدت الانتصارات والهزائم القاسية، الهرطقة الأنجلو-بروتستانتية التي أرادت وضع جميع أعضاء المجتمع السياسي تحت **السيادة الفردية** أصبحت عقيدة أمريكية، ومن المؤكد أنه عندما يهب الله الأنسان يقظة الضمير يصبح قادرًا على تمييز ومعرفة الحقوق الإنسانية، على أي حال **العلمانية الأمريكية** فشلت في بناء المؤسسات التي كانت ستحاول منافسة الدين في اتساعه وانخراطه في حياة الناس، أما الأمريكيون المتدينون فقد جعلوا من التعليم العام عدواً لهم — فهو ولا بد أن يكون علمانياً — حيث إن العلوم الإنسانية تقدم عوالم وتفسيرات لا توفرها الكتب المقدسة، كما أن التعليم في الكتب المقدسة تحديداً يعد لقاحاً فعالاً ضد النزعات

الاستبدادية الدينية، فتاريخياً الغرض من التعليم العام في الدول القومية الحديثة هو جعل الناس مواطنين و لم يكن الغرض جعلهم متدينين بطريقة أفضل.

وأخيراً، من المهم التأكيد على أن للعلمانية أنواع وليست كلها متساوية بالتأكيد ظهرت العلمانية من اللاهوت البروتستانتي والفلسفة حولته من هرطقة إلى مبدأ سياسي حديث ولكن بالنسبة لأنصار القرن ١٨ فقد كان بذرة مشروع سياسي، المجتمع العلماني كان متأكداً أنه بالعلمانية سيكون أكثر تنويراً وسلميةً وعدلاً، ولكن **العلمانية الأمريكية** لم تف تلك الجوانب من وعدها، هي حتى لم تعلمن الحياة السياسية الأمريكية وسواء أكان ذلك خطأ من حيث المبدأ أو أن العلمانية لم تتعمق بما فيه الكفاية إلا أن موضوعها مفتوح للنقاش. ويجدر بنا أن نتذكر أن العلمانية الأمريكية كانت من المفترض أن تكون وسيلة لا غاية.

الفصل الثالث: الأيديولوجية العلمانية([22])

(من كتاب: الإسلام في مرمى نيران العلمانية الفرنسية: ما وراء الحرب الأوروبية على الحجاب والنقاب – ممدوح الشيخ)

رغم كثرة استخدام مصطلح "**علمانية**" والبناء عليه كما لو كان بيِّن الوضوح فإن الحقيقة هي أنه ليس كذلك، ورغم أنه في الخطاب الثقافي العربي يحاط – غالباً بهالة من التبجيل غير المبرر – فإنه في الحقيقة يظل، عند التدقيق، مصطلحاً تفصل مسافة كبيرة بين "**حقيقته**" و"**صورته**". وحسب دراسة مميزة للدكتور مازن موفق هاشم عنوانها: "**ملاحظات حول العلمانية وفصل الدين عن الدولة**"، فإن مصطلح العَلمانية (نسبة إلى العالَم وليس إلى العِلم) يشير إلى معانٍ متعددة يمكن حصرها في ثلاث توجهات:

([22]) فصل من كتاب: الإسلام في مرمى نيران العلمانية الفرنسية: ما وراء الحرب الأوروبية على الحجاب والنقاب – ممدوح الشيخ – مكتبة بيروت – مصر/ سلطنة عمان – ٢٠١٠.

الأول: يستمد من الخيال التاريخي الأورُبي في هجر خرافات المجتمع والكنهسة وتحكّم العقل والاعتماد على مقولات العلوم التجربية.

والثاني: يركز على النواحي العملية في إبعاد الدين عن التدخل في ممارسة الحياة المدنية، وبخاصّة بمجالَّي التعليم والسياسة، إلى جانب تأمين حرية الاعتقاد الشخصي.

والثالث: أكاديمي فلسفي يشير لرفض الاعتراف بكل ما هو خارج **"العالم المحسوس"** للإنسان، وقصر مصدرية القيم على ذات البشر، واختزال الحقيقة إلى عالم المادة.

ولا يَخفى أن الذي يُشكِل من المنظور الإسلامي (ومن المنظور الديني عموماً) هو المعنى الأخير، أما المعنى الأول للعلمانية فلا مِراءَ فيه. وبينما يَكثر استعمال المعنى الثاني ضمن تصور احتكار طبقة رجال دين للساحة السياسية وتصور ممارسة دينية لا تَتَّسِم بشيء من التعقل وليس فيها أي مكان للآخر، فإن المعنى الأول لا يستعمل عادة إلا في سياق التاريخ الأورُبي. ويبدو أن استعماله خارج ذلك السياق يمثل اختلاطاً فكرياً يستورد المفاهيم ويغيب عنه أصولها وجذورها التاريخية.

والمصطلح في أصله يتعلق بالفصل بين عالم ال **"مقدس"** وعالم ال **"دنس"** في الثقافة الغربية المسيحية. كما تتصل بخاصّة تاريخ الكنيسة (الكاثوليكية) وبتقسيم أعمال رجال الدين فيها إلى خدمة دينية وخدمة دنيوية أطلقوا عليها عبارة **"زماني"**.

وكان من جملة ما ثارت به العلمانية على الكنيسة: الحرية الشخصية، حيث تميزت المجتمعات القديمة عموماً بتأكيدها غياب الاستقلالية التامَّة للتصرُّفات الفردية. ونَمَت فكرة التمييز بين: **"المجال العام"** و**"المجال الخاص"**، كحل لمشكلة تسلط الكنيسة وتدخّلها في الأمور الشخصية. وتدّعي الرؤية العَلمانية أنها حلّت مشكلة الدين بشكل معقول بأن افترضت أن النظام العام يجري وفق طرائق عقلانية علمية محايدة، وأن يترك الحيز الشخصي والتدين للذوق الخاص والاختيار الفردي.

وتباينت التطبيقات العلمانية فيما بينها، ففي نسختها الإنكليزية ثم الأمريكية افترضت الحرية التامة غير المقيدة للفرد، وأن واجب الدولة حماية الحريات الفردية التي أعطتها الأولوية. أما النسخة القاريّة الأوربية (فرنسا وألمانيا مثلاً) فإنها، وإن أكدت مفهوم الحرية الشخصية أيضاً، فإنها احتفظت بدور أكبر للدولة أو للنظام العام في تقييد هذه الحريات. وبغض النظر عن هذا الفرق الهام بين النظرتين فإن كلتاهما أكَّدَتا ضرورة الحرية التامة للمجال الخاص وأن قضايا الدين والتدين يجب أن تحصر في الفضاء الخاص، وأن يخلو الفضاء العام – قَدْرَ الإمكان – من أي أثر للتعليمات الدينية. وبالإضافة للاعتقاد بأن الدين يقمع الفرد ويكبّل طاقاته، فإن العَلمانية تؤكد أن حصره في المجال الفردي ضروري للتآلف الاجتماعي لكّي لا يتصارع أتباع الأديان في المجتمع الواحد.

ويقرر الدكتور مازن موفق هاشم أن نظرة تمحيصيّة في قضية الفصل بين: **"العام"** و**"الخاص"** توضح أن أصل فكرة الفصل متهافتة نظرياً وغير

ممكنة عملياً. فهي متهافتة نظرياً لصعوبة رسم حدود العام والخاص، فهما متداخلان، والفعل الإنساني ينتح عن تفاعلهما، فلا بد للنظام العام من أن يتدخل في المجال الخاص، ولا بد للخاص من أن يؤثر في المجال العام. ثم إن ادعاء الفصل الحادّ بينهما يفترض تمكّن قيام المجتمعات دون وجود رابط يشترك فيه أفرادها. فكيف يكون هناك مجتمع أصلاً إذا كان أفراده مستقلون استقلالاً كاملاً؟

إن المبالغة في مفهوم فصل "**العام**" عن "**الخاص**" تعكس نظرة ميكانيكية للحياة افترضتها الحداثة، وكأن الإنسان الفرد آلة تحركها شيفرات معينة عندما يدخل "**المجال العام**"، ثم يستبدلها بأخرى عندما يدخل حياته الخاصة. ودعوى فصل "**الخاص**" عن "**العام**" لا يمكن فهمها إلا كتبرير إيديولوجي مؤقت اضطرت إليه أورُبا في رحلة تخلّصها من سلطة الكنيسة، وكان لا بد لها أن تفعل هذا. أما أن يكون مفهوم الفصل مبدءاً عاماً صالحاً لتنظيم المجتمعات وغير متناقض مع نفسه، فإن الواقع العملي في الغرب نفسه يكذبّه.

ولا يخفى أنه عندما نتحدث عن الدين فإن القصد ليس ممارسات العبادة أو الاعتقاد، فهذه أمور لا خلاف في أنها شخصية لا إكراه فيها، وإنما القصد أن الحياة العملية مفعمة بالأطر والمعايير الأخلاقية غير المستقلة عن الدين والفلسفة، والتي تتخلل الخاص والعام ولا تنحصر في واحد منهما. كما لا يمكن لأي نظام مجتمعي إلا أن يفرض أموراً متماهية بين العام والخاص بناء على رؤية أخلاقية عامة يتبناها المجتمع طواعية، بغض النظر عن

العقلانية المباشرة لهذه الرؤية. وربما صح القول أنه لم يأت زمن على البشرية تمكَّنت فيه الدولة وتمكَّن النظام العام من التدخل في الأمور الخاصة مثلما هو قائم في النموذج الحداثي للمجتمعات، وكما هو معروف فقد سهّلت التكنولوجيا هذه المهمة. وفي حين أنه لا يُنكر أن الملوك والجبابرة طغوا وظلموا في الأيام الغابرة، ولكن احتكاك الفرد بالملك والدولة وحاجته إليهما كان ضئيلاً.

لقد اعتمدت الحياة في الأيام الغابرة على المحلّة الصغيرة المتاخمة لحيز الفرد على نحو أساسي، ويمكن اعتبار قهر الملوك دلالة ضعف جهاز الحكم يومها حيث لم يتوفر لدى الدولة وسيلة فعالة للضبط غير الترهيب والتنكيل. وتكمن المفارقة في أنه إذ قلّص النموذج الحداثي قدرة الحي والجوار على ضبط تصرفات الأفراد وأتاح لهم مساحة كبيرة للنشوز، فإنه قد سمح عملياً للدولة أن تستأثر بكثير من النواحي التي تقيّد حرية الفرد. أي أننا إذا ابتغينا الدقّة فإن المسألة تبدو مسألة مفاضلة بين أنواع الضبط ومصادرها أكثر من كونها قضية حريات.

وأما الفكرة الرئيس في العلمانية: **"فصل الدين عن الدولة"** فيكتنفها فكرة اختلاط وسوء فهم بسبب غياب الخلفية التاريخية للمصطلح. وأصل الفكرة ليس فصل الدين عن الدولة بل فصل الكنيسة عن الدولة. أي أن الفكرة تفهم على وجهين: الأول عدم إخضاع الفعاليات السياسية والاقتصادية والاجتماعية لاحتكار سلطة دينية لها مؤسساتها البيروقراطية المستقلة عن المجتمع (إدارياً ومالياً) ولها أسس سيادة متميّزة ومختصّة بذاتها.

١٨٧

والثاني فصل الدين عن المجتمع، أو فصل المبادئ الدينية عن الحياة، أو حجب الأسس الأخلاقية من أن يكون لها قولةٌ في إدارة شؤون الناس.

ومفهوم فصل الدين عن الدولة ضمن المعنى الأول محوري في فهم تطور الثقافة الغربية. فقد شاركت الكنيسةُ الملوكَ في الحكم ونافستهم على السلطة والثروة في علاقة مدٍّ وجزر. وقامت الكنيسة بخدمة المجتمع والعمل على وفاء بعض حاجات الناس مما لم تكن قد شملته فعاليات الدولة كالتعليم. لكن الكنيسة مارست ابتزاز الناس في أيام تَرَهُّلِها وحَجَرت على العقول ولاحقت العلماء وأصدرت قوانين الحرمان والطرد والقتل للمخالفين. واستمرت الأمور على هذا المنوال حتى بدأ التصدع في البنية الفكرية للكنيسة (إثر الاحتكاك مع المجتمعات المسلمة) لتظهر حركة الإصلاح الديني.

ونشبت الحروب بين طوائف المجتمعات الأوربية في نزاع متعدد الأبعاد ومتشابك المصالح بين الأمراء والملوك والنبلاء والسلطات الدينية المدافعة عن الكنيسة والمناهضة لها. فهذا هو الوجه الأول لمفهوم الفصل، ويتضمن رفض مبدأ القاعدة الثيوقراطية للدولة. وهذا الفصل حرَّرَ الدِّين من السياسة بقدر ما حرَّرَ السياسةَ من الدين في الحضارة الغربية، لكنه في الوقت نفسه أزَّم مشكلة **"مصدر القيم العامة"**.

والوجه الثاني لمفهوم فصل الدين عن الدولة، يتضمن فكرة فصل الدين عن المجتمع أو فصل المبادئ الدينية عن الحياة أو حجب الأسس الأخلاقية عن إدارة شؤون الناس وهو أيضاً متهافت نظرياً وغير ممكن عملياً. فالنظم الديمقراطية المعاصرة التي تُسَّمى علمانية ما زالت تتصارع في داخلها

حول هذا الأمر، ويختلط الدين مع السياسة فيها بدرجات متفاوتة. فهناك أحزاب لها ولاءات صريحة لتوجهات ومؤسسات دينية، وهناك جبهات تنضم إليها أحزاب دينية أو شبه دينية، وتتمحور في كثير من الأحيان حول مسائل دينية ضيقة جداً أبعد ما تكون عن التعقّل. بل لعل النموذج (العَلماني أو النفعي) المعاصر لتداخل الدين والسياسة هو من أكثر النماذج إشكالاً في تحقيق الوئام المجتمعي، إذ يحجب — عملياً — الحوار الجدّي في القيم ولا يفسح المجال للتداول في الأمور التي يراها الناس هامة في حياتهم، ويحوّل هذه القضايا إلى محاور تكتلات فئوية إيديولجية وعلاقات انتهازية. وبذلك انقلب الحوارُ عملياً في قيم المجتمع الكبرى إلى قضيةٍ استعراضية إلى حدٍّ كبير.

ولو صح — افتراضاً — أن من الواجب الفصل التام بين الدين والشأن العام، فقد كان بالإمكان فهم مسألة تغطية شعر المرأة المسلمة على أنها بقصد العفة أو على أنها رمز سياسي. فإذا كانت الأولى فهي جزء من الحرية الشخصية، وإذا كانت الثانية فهي جزء من الحرية السياسية. بل إن هذا التطرف الرسمي الفرنسي إزاء الحجاب يطرح أسئلة لها وجاهتها، فمثلاً:

لماذا لا تغطي فرنسا كنائسها بستائر ضخمة لأن منظر الكنائس يذكّر الناس بالدين؟

وهل "**ستنظّف**" فرنسا متاحفها من كل ما له إشارة رمزية للدين؟ وهل ستسمح فرنسا بالاستشهاد بنصّ ديني على مسألة السلام والتآلف مثلاً؟. أم هل علينا أن نعذر فرنسا على أنها لم تتعاف بعدُ من عقدتها من

الكنيسة الكاثوليكية بعد أن رمتها فيما يعرف بـ **"الحروب الدينية الفرنسية"** في الجزء الثاني من القرن السادس عشر؟

لكن **الثورة الفرنسية** العَلمانية بعد قرنين ونيف كانت دموية أيضاً. أم أن فرنسا باتت تضيق اليوم بمن استعمرته يوماً أن يستعيد عافيته وتماسكه الثقافي، ولاسيما أنهم أصبحوا أقليّة ذات وزن عددي لا بأس به؟ وإنه لمن المعروف أن هويّة فرنسا الوطنية تعطي دوراً كبيراً للدولة وتفترض إرادة خيالية مشتركة (تبعاً لروسّو) لا يمكن تحقيقها عملياً إلا ضمن تجانس ديني وعرقي لم يعد موجوداً في فرنسا. لكن لا بد لفرنسا أن تنضج وأن تتماشى مع متطلبات العصر وأن لا تتصرف بشكل رجعي دوغماتي.

ويقسم الدكتور مازن موفق هاشم الدول المعاصرة التي تصف نفسها بالعَلمانية فيما يتصل باستيعاب الدينيّ. فهناك نموذج الليبرالية المعادية للأديان كالدول الشيوعية السابقة، وهناك نموذج الليبرالية الفردية الذي يفسح مساحة للتدين الشخصي ويضيق عليه في آن معاً. وهناك نموذج الليبرالية الحكومية (ومثاله فرنسا) الذي تتدخل فيه الدولة مباشرة في هيكلية التدين وتسعى إلى إنشاء هذه الهيكلية في حالة غيابها لتحديد مساحات مضبوطة للمارسة الدينية. وهناك نموذج الليبرالية الجماعية (ومثاله كندا) والذي يستند إلى مبدأ التعددية الفئوية، وهو وإن كان يُبعِد الدين عن القرارات الكبرى للمجتمع فإنه يفسح مجالاً مريحاً للتدين بناء على الاعتراف بحقوق خاصّة لمجموعات تتكون وفق أساس عرقي إثني ثقافي وربما جغرافي.

أما النموذج الأمريكي الثنائي فيحوي عنصرين متناقضين: عنصر الحرية الفردية المطلقة في نظرة القانون (عنصر الليبرالية الفردية الإنكليزي)، وعنصر ما يطلق عليه: "**المدني الجمهوري**" الذي تجلَّى في بعض الممارسات المبكرة في تاريخ هذه الدولة؛ ورغم أن هذا العنصر الثاني يجري وفق منطق صديق للتدين بشكل عام إلا أنه مرتبط ارتباطاً وثيقاً بالتقاليد المسيحية بخاصَّةٍ، ويمكن أن يصل إلى حدِّ يُطلق عليه اسم: "**النموذج الإنجيلي**". وإنه لمن المفارقة أن نجد النظم الاجتماعية المبنية على مفهوم الحرية الفردية المطلقة نظماً غير مريحة البتة للرؤى الدينية التي تسعى ضرورة أن ترى شيئاً من الانعكاس لتوجهاتها الأخلاقية والدينية في الفضاء العام، لكن الأقليات الدينية تضطر اللجوءَ إليها عند طغيان توجهات دينية ضيقة ليس عندها مساحة للمخالف.

ويقترح بعض علماء دراسة الأديان النظر إلى العَلمانية على أنها "**دين غير سماوي**"، وقد دعى روسّو فعلاً إلى "**دين مدني**"، والممارسة العَلمانية تتشابه مع بعض الممارسات الدينية، وبخاصة في قضية تمفصلها مع الشأن السياسي. فمثلاً تستند العَلمانية لمسلمات عن: "**الخير**" و"**الشرّ**" وتُعلي خيارات أخلاقية (مثل تأكيد النفعية أو نفيها)، وهذا موقف فلسفي واختيار ثقافي لا تُجلب إليه الأدلة، بل يقبل أو يرفض، وليس له دليل عقلي أقوى من الأدلة العقلية على غيره من المعطيات الفلسفية. كما تتضمن العَلمانية مسلّمات حول وظيفة الإنسان في الكون ودوره وحول طريق السعادة الأمثل وحول طريقة العيش الرغيدة ...

وكل هذه مسبقات مفترضة يمكن أن تُستجلب إليها الأدلة ولكن لا تُبنى على الأداة فمثلاً إدعاء أن، هدف الإنسان في الأرض تحقيق أقصى درجة من المتاع يُمكن أن تُجلب إليه مفسرات تدعمه، لكن لا يمكن برهنته برهاناً قاطعاً ينفي فرضيات منافسة من أن هدف الإنسان هو تحقيق أقصى درجة من الاستغناء مثلاً. كما تشمل العَلمانية الحديثة إيماناً بنوع من الغيب الأرضي، فمفهوم الندرة الاقتصادي أو مفهوم البقاء للأشرس الاجتماعي أو مفهوم نهاية التاريخ ... إنما هي غيبيات تُصاغ بشكل علمي وتُستدعى إليها الدلائل بشكل انتقائي.

وكذلك فإن العَلمانية ليست أقل تدخلاً من الدين في حياة الناس الخاصة — كما يظهر مثال الإجهاض وفي مسألة طلب المريض مرضاً عضالاً من الطبيب أن ينهي حياته المليئة بالألم. ومثل تعريف الاغتصاب الجنسي الذي عُدّل ليصبح الإكراه على الجنس، وعلى هذا يمكن نظرياً أن تحدث واقعة اغتصاب بين الزوجين. وبغض النظر عن الموافقة على ذلك التعريف أو عدمها، فإنه تدخل عَلماني في أخصِّ خصوصيات الأفراد.

وعليه فإن دعوى عدم التدخل في المجال الشخصي الذي تدعيه العَلمانية هو شعار إيديولوجي مبني على موقف قيمي إنتقائي. ورغم كل سعة مساحة التصرف الشخصي في النظم الحديثة فإن لديها أيضاً مساحة محرمات تتمسك بها بشكل إيديولوجي ومتزمت، وإن هذه السعة ليست بدون ثمن بل تأتي على حساب أولويات أخرى تبعاً لرؤية في تنظيم المجتمع أصبح يشكّ فيها ويشكو منها أهلها وخبراؤها. والعَلمانية التي تحاول جاهدة

أن تتفهم الآخر وأن تكون لطيفة معه تمارس تحيزات كثيرة ارتكاساً من أمور بسيطة جداً، من نوع اللباس إلى نموذج السمر والترفيه، سواء كان هذا على مستوى الصداقات الفردية أو على المستوى الرسمي من إشغال الوظائف ومناصب العمل.

ولم تحقق النظم التي تعتبر نفسها عَلمانية سلاماً أكثر من غيرها من النظم، بل إن الحروب الحديثة التي خاضتها الدول تحت رايات غير دينية وعدد الضحايا التي أسقطتها يفوق ما راكمته البشرية في عصور طويلة، كما أن الديكتاتوريات والحكم الفاشي العَلماني لم يكن أقل قمعاً من غيره البتة. كما أنه لا يمكن أن تدّعي العَلمانية احتكارها استعمال العقل، فبعض كبار الفلاسفة القدامى كانوا من أحبار اليهود وما زالت معابدهم مراكز تعليم، وكذا الأمر بالنسبة للكنيسة. وأبلغ العطاء القانوني الدستوري في أمريكا إنما تحصّل على أيدي مجموعة المسيحيين الطهوريين. أما التجربة الإسلامية فإنها متميزة في إحكام العقل وغنيّة في عطائها على مستوى العلوم النظرية والتطبيقية على حد سواء.

ولذلك فإنه حين إجراء المقارنات يجب أن نقارن بين الحرية في النظم المتعسفة الدينية والحرية في النظم المتعسفة العلمانية أو اللادينية، والحرية في النظم الدينية المتسامحة مع النظم العلمانية المتسامحة. أو ربما يجب علينا الكفّ عن إلصاق العناوين الكبيرة التي تستعمل عبارات **"علماني"** و**"ديني"** في وصفٍ شمولي غير دقيق، فكل ديني فيه إجرائيات عَلمانية، وكل علماني فيه مسلّمات ميتافيزيقية.

١٩٣

ومع المشكلات التي تواجه مسلمي أوروبا فإن التجربة تؤكد أن "**العلمانية الأصولية**" المتعصِّصة تتناسى حتى مبادئها الإنسانية، والجموح الذي، تبديه في التعامل مع الوجود الاجتماعي والثقافي والسياسي والديني للإسلام في أوروبا لا يتسق مع حقيقة فقدان كثيرين الثقة بالنظم العَلمانية وتتطلعهم نحو مصادر دينية تاريخية لشرعية الاجتماع الوطني.

فصول من تجربة التحديث الأوروبية

حسب الدكتور عبد الوهاب المسيري: يُقصَد بـ "**التحديث**" في إطار المنظومة المعرفية العلمانية تعديل البيئة الاجتماعية والرؤية المعرفية والأخلاقية بحيث يتم إخضاع الواقع بأسره (الإنسان والبيئة) للقواعد والإجراءات العامة غير الشخصية ويزداد التحكم فيه، فيتم استبعاد كل المطلقات (الأخلاقية والإنسانية والدينية) من الدنيا، ويصبح مصدر المعرفة واحداً هو "**العقل**"، وما يصله من معطيات من خلال "**الحواس**". وينبع من هذه المعرفة نسق أخلاقي يجعل الأخلاق مترادفة مع "**المنفعة**" و"**اللذة**". وينتج عن ذلك أن الشخصية التقليدية تتحول بالتدريج إلى "**المواطن الحديث**" القادر على الاستجابة للقانون العام، والذي لا يدين بالولاء إلا للدولة (المطلقة) أو الوطن.

وهذا المواطن، بالتالي، يفضل الدخول في علاقات تعاقدية واضحة محدَّدة. وهو بذلك، يصبح منتجاً ومستهلكاً بالدرجة الأولى. كما أن البيئة الاجتماعية نفسها تسيطر عليها مؤسسات الدولة التي تحل محل المؤسسات التقليدية مثل الكنيسة أو الأسرة. وقد عرَّف أحد العلماء الغربيين "**الإنسان**

**الحديث" بأنه: "الإنسان القادر على تغيير قيمه بعد إشعار قصير"، أي أنه إنسان لا يخضع لأية ثوابت أو مطلقات. ويمكن وصف التحديث بأنه "علمنة المجتمع".

يعود تاريخ عملية التحديث والعلمنة في الغرب إلى بدايات عصر النهضة، وقد زادت حدتها مع بداية القرن التاسع عشر، ووصلت هذه المرحلة إلى نهايتها مع الحرب العالمية الأولى. وخلال عملية التحديث كان أعضاء الجماعات اليهودية يمثلون "**الدين**" الذي أصبح ضيفاً غير مرغوب فيه، وبالتالي كانت العلاقة الصراعية بين الدولة المركزية الأوروبية واليهود وجهاً من وجوه الصراع مع الدين.

وقد تصاعدت معدلات التحديث في المجتمع الغربي ابتداءً من منتصف القرن السابع عشر ودخلت عليه تحولات عميقة غيَّرت بنيته ورؤيته تماماً، وهي تحولات كان اليهود بمعزل عنها، وبخاصة في شرق أوربا، حيث كانوا لا يزالون يلعبون دور الجماعة الوظيفية الوسيطة. ومع نهاية القرن الثامن عشر، كان اليهود من أكثر القطاعات البشرية تَخَلُّفاً في كل أرجاء أوربا. ومن هنا وجدت الحكومات المركزية المطلقة، التي كانت تود توحيد السوق القومي والسيطرة على كل جوانب الحياة، أن من الضروري تحديث اليهود حتى تتم عملية دمجهم. والصعوبات التي واجهت عملية التحديث هذه ومدى نجاحها وفشلها هي التي تشكل جوهر ما يُسمَّى "**المسألة اليهودية**".

وقد كانت عملية تحديث اليهود تتم في أحيان نادرة بناءً على اقتراح ممن يسمون: "**دعاة التنوير**" بين أعضاء الجماعات اليهودية، لكن مثل هذه

المبادرات كانت نادرة، إذ أن عملية التحديث كانت تبدأ من حركيات المجتمع الذي يحتويها. لذا، كان التحديث غالباً يتم بمبادرة من العالم غير اليهودي الذي يعيش اليهود بين ظهرانيه، كما كان يُفرَض عليهم فرضاً.

وأخذ التحديث شكلين أساسيين: سياسي مباشر، وهو ما يُطلَق عليه الإعتاق، أي منح اليهود حقوقهم المدنية والسياسية نظير أن يدينوا بالولاء للدولة التي عرَّفت القومية على أساس لا ديني (عرْقي أو إثني)، وهو الأمر الذي خلق عند اليهود أزمة هوية، حيث إن تعريف الشريعة لليهودي على أنه من تهود أو من وُلد لأم يهودية يتضمن عناصر إثنية شبه قومية تتناقض مع فكرة الولاء الكامل للدولة ولقيمها الحضارية والسياسية في حياتهم العامة (على أن يحتفظوا بقيمهم الإثنية والدينية في حياتهم الخاصة إن شاءوا). كما أخذ التحديث شكلاً اجتماعياً واقتصادياً أكثر عمقاً.

وقد تأثر أعضاء الجماعة اليهودية بهذا المناخ الثقافي وبالتحولات الاجتماعية التي واكبته، فيُلاحَظ أن الهوة التي تفصل بينهم وبين بقية أعضاء المجتمع أخذت تضيق بسرعة حتى اختفت تماماً في بعض البلاد مثل دول غرب أوربا. وبالتالي، تحوَّلت القضية بالنسبة لليهود من قضية حقوق ومزايا خاصة يحصلون عليها، كما كان الأمر من قبل، إلى قضية إعتاق واندماج، إذ أن الاندماج (حسب افتراض فكر الاستنارة والليبرالية) سيحل مشكلة الحقوق بشكل آلي. لكن الأمور لم تكن بالبساطة التي تصوَّرها مفكرو عصر الاستنارة، ولم تكن عملية الانتقال هينة أو سهلة، خصوصاً أن الفكر القومي

العضوي انتشر في أوربا، وهو فكر استبعادي يطرح تصوراً للدولة القومية لا مجال فيه للتعدد الإثني أو الديني، ولا مكان فيه للأقليات.

ومع هذا، فَقَد اليهود تميُّزهم بدرجات متفاوتة، إذ أن ما يحدث عادةً أن القيم العامة التي تسود في الحياة العامة تبدأ في التغلغل في حياة أعضاء الأقليات الخاصة، ثم تسود فيها فيفقدون أية خصوصية، دينية أو إثنية، ويصبحون مثل بقية أعضاء المجتمع في حياتهم الخاصة والعامة، فتتزايد معدلات الاندماج بينهم، بل يكتسب الاندماج حركية مستقلة، إذ يصبح نابعاً من داخل الأقليات ذاتهم بعد أن كان مفروضاً عليهم. ثم تظهر مشاكل جديدة لم يجابهها أعضاء الأقليات من قبل، مثل تزايُد معدلات الزواج المختلَط والانصهار الكامل. والجماعات اليهودية مثل جيد على هذه الظاهرة، فبعد أن كانوا يشكون من معاداة اليهود ومن العزلة والعزل، تسري الآن الشكوى من الزواج المختلط ومن الانصهار. وكانت معدلات الاندماج تختلف من منطقة إلى أخرى في أوربا.

استجابات الجماعات اليهودية للتحديث

ظهرت استجابات يهودية كثيرة لحركة التحديث، فكان هناك اليهودية الإصلاحية والدعوة للاندماج والاستفادة من الفرص الثقافية والاقتصادية الجديدة، وهذا هو الحل الذي ساد أساساً في الغرب. أما في شرق أوربا، فقد ساد الفكر الحسيدي والأرثوذكسي. وتتلخص الاستجابة الحسيدية في تفضيل البقاء في الماضي وتجاهُل الحاضر، بينما تأخذ الاستجابة الأرثوذكسية شكل تفضيل البقاء في الماضي والعزلة مع محاولة

التصدي للحاضر. ولكن كلتا الاستجابتين الحسيدية والأرثوذكسية لم تؤثرا في مصير اليهود ككل. أما الاستجابة الصهيونية فإنها تتجاوز الإطار الديني التقليدي وترفض الجيتو كإطار مرجعي وتقبل المجتمع الغربي الحديث كحقيقة نهائية.

والصهيونية، رغم أنها إحدى الاستجابات اليهودية لعملية التحديث، وذلك باعتبارها محاولة لتقديم حل حديث للمسألة اليهودية (العنوان الفرعي لكتاب هرتزل **"دولة اليهود"**)، فإنها استجابة سطحية للغاية. فقد امتصت كثيراً من ديباجات التحديث المختلفة، مثل العلمانية والاشتراكية، وطرحت شعارات تحديثية مثل مع احتفاظها ببنية تقليدية.

وكان من ثمار التعرض لعملية التحديث أن تركت العلمانية أثراً عميقاً في اليهودية، وفي النهاية أصبح من العسير إصلاح اليهودية من الداخل. وأخذ الإصلاح شكل تبنِّي الأشكال الدينية الإصلاحية المسيحية، ثم تحوَّل الإصلاح إلى العلمنة الصريحة بعد فترة. ثم ظهرت **"اليهودية الإصلاحية"** و**"المحافظة"** و**"التجديدية"**، وهي صيغ من اليهودية مخففة للغاية لا تعترف بها **اليهودية الأرثوذكسية الحاخامية**، ولا تعترف بحاخاماتها. وهذه الفرق الجديدة ذات الطابع الربوبي العقلاني، التي تذهب إلى أن العقل البشري يمكنه الوصول للحقائق الدينية دون وحي إلهي، وأن الشريعة اليهودية ليست منزَّلة من الإله، تحاول أن تقلص رقعة الغيب على قدر الإمكان، أو تلغيه تماماً، أو تستبعده من نموذجها المعرفي والتفسيري

والأخلاقي. وبدلاً من ذلك، فإنها تتبنى مطلقات علمانية، مثل: "روح العصر".

ثم تزايدت معدلات التحديث والعلمنة على مستوى الشعائر وبشكل جذري، فحدث الاختلاط بين الجنسين، وأُلغي غطاء الرأس، وتم ترسيم النساء كحاخامات، وخُففت شعائر السبت، وتم التخلي عن التلمود كمصدر أساسي للتشريع، وأُقيمت صلوات السبت يوم الأحد. ثم تصاعدت وتيرة الإصلاح إلى أن أصبحت علمانية صريحة، ففي بعض الأبرشيات الإصلاحية أصبحت صلوات السبت تقام في اليوم الذي يتفق عليه المصلون. وقد بدأ مؤخراً قبول الشواذ جنسياً في الأبرشيات اليهودية المختلفة، بل بدأت تظهر أبرشيات مقصورة عليهم، كما قُبل ترسيم الشواذ جنسياً كحاخامات وأُنشئت المدارس التلمودية العليا (يشيفا) المقصورة على الشواذ.

لكن أهم أشكال علمنة اليهود هو ظهور عقائد علمانية قلباً وقالباً، وتُسمِّي نفسها مع ذلك "**يهودية**"، وتستخدم ديباجات يهودية إثنية ودينية. وجوهر هذه العقائد هو أنها تُحل "**الهوية اليهودية**" محل "**العقيدة اليهودية**"، وتُحل اليهود محل الإله كمركز للقداسة. فظهر ما يُسمَّى: "**اليهودية العلمانية**" و"**اليهودية الإثنية**" و"**اليهودية الإلحادية**" و"**اليهودية الإنسانية**"، وهي عقائد يُقال لها: "**يهودية**" رغم أنها تُسقط الإيمان بالغيب أو الإله، بحيث يصبح الإيمان الديني متمركزاً حول الذات القومية أو مجموعة من المُثُل الدنيوية. وتحوَّلت شعائر اليهودية وعقائدها إلى شكل من أشكال الفلكلور أو التراث القومي، أي أن الدين تحوَّل إلى قومية والقومية تحوَّلت إلى

دين، وهذا هو الحل العلماني لمشكلة الهوية: أن تصبح الهوية هي ذاتها مصدر الإطلاق الوحيد وموضع القداسة. بل يمكن القول بأن **اليهودية الإصلاحية والمحافظة، والتجديدية** على وجه الخصوص، هي في جوهرها، في واقع الأمر، عقائد علمانية ذات ديباجات دينية.

وقد تركت عمليات العلمنة أثراً عميقاً في أعضاء الجماعات اليهودية في العالم، فيمكن القول بأنه بعد مرحلة المقاومة الأولى لعمليات العلمنة التي استمرت حتى منتصف القرن التاسع عشر تقريباً، استسلم معظم أعضاء الجماعات اليهودية لهذه المحاولات فزادت معدلات العلمنة بينهم بشكل فاق معدلاته بين أعضاء الأغلبية. وقد تخلى أعضاء الجماعات اليهودية، بأعداد متزايدة، عن اليهودية الحاخامية، ودخلت أعداد كبيرة منهم في إطار **اليهودية الإصلاحية أو المحافظة أو التجديدية**. كما أن أعداداً متزايدة منهم تخلت عن أي شكل من أشكال الإيمان الديني وتبنت الأيديولوجيات العلمانية المختلفة.

وابتداءً من منتصف القرن التاسع عشر، ومع تزايد معدلات العلمنة في المجتمع وداخل الجماعات اليهودية، تزايدت معدلات اندماجهم وأقبلوا على الزواج المختلط. وقد بلغت معدلات العلمنة بين يهود الغرب مقداراً مرتفعاً جداً. ومما ساعد على ذلك أن اليهود الذين تخلوا عن عقيدتهم لم يكونوا مضطرين لاعتناق المسيحية كما كان الأمر في الماضي وإنما كان يمكنهم أن يعيشوا علمانيين دون أي انتماء ديني.

وفي الصراع بين الدولة المركزية والدين — ممثلاً في اليهودية — كان حلَّ المسألة في التجربة الأوروبية عن طريق التخلص من اليهود، إما عن طريق تهجيرهم إلى ما يسمى: **"وطنهم القومي اليهودي"**، وهو الحل الصهيوني، أو عن طريق طردهم وهو الحل المعادي لليهود، أو إبادتهم وهو **"الحل النازي"**.

وتكشف المقارنة بين هذا التجربة التاريخية وما تشهده أوروبا الآن من محاولات لخلق "إسلام أوروبي" أن الأزمة هي في الفهم العلماني — وفق الصيغة الأوروبية — لمعنى الدين، وقد ولدت الأزمة في فرنسا حيث ولد النموذج الجديد.

من دمج اليهود إلى دمج المسلمين

عند نشوب **الثورة الفرنسية** كان عدد أعضاء الجماعات اليهودية في فرنسا لا يزيد على ٤٠ ألفاً، وكانت نسبتهم لعدد السكان صغيرة للغاية (٠.٥ %). وحينما اندلعت الثورة، لم ير أي جدل بشأن اليهود السفارد الذين كانوا يشكلون جزءاً عضوياً من المجتمع الفرنسي، وكانوا يتحدثون إما الفرنسية أو اللادينو وهي رطانة إسبانية قريبة الشبه بالفرنسية، وكانوا يتمتعون بمعظم حقوق المواطنين الفرنسيين. وكان نظامهم التعليمي متطوراً، ولكل هذا، فإن منح اليهود السفارد حقوقهم المدنية بالكامل، كانت مسألة شكلية تمت دون مناقشة في يناير ١٧٩٠.

أما اليهود الإشكناز فكانوا محور المناقشة وكانوا محط احتقار إخوانهم من السفارد ومحط كراهية عميقة من الجماهير المسيحية. وعشية **الثورة الفرنسية** نوقشت **المسألة اليهودية الإشكنازية** التي تم طرحها على النحو التالي: هل اليهود فرنسيون أم "**أمة داخل أمة**"؟ وعزف أعداء اليهود على نغمة "**الخطر اليهودي**" وأشاروا إلى أن اليهود جسم متماسك غريب منبوذ، ولذا فلابد من التخلص منه. أما العقلانيون، فكانوا يطرحون الحل الاندماجي الذي يرى أن مشكلة اليهود الإشكناز ليست مسألة كامنة في طبيعتهم، وإنما تنبع من وضعهم الشاذ، ومن إنكار حقوقهم السياسية والمدنية، وأن الحل يكمن في تحديث اليهود وإعتاقهم، أي إعطائهم حقوقهم كاملة وتشجيعهم على الاندماج مقابل أن يتخلى اليهود (وكل أعضاء الأقليات الأخرى) عن خصوصيتهم اللغوية والثقافية والإثنية في الحياة العامة.

وهذا هو المعنى الذي تضمنته عبارة "**أن يصبح اليهودي مواطناً في الشارع، يهودياً في منزله**". وقد وصل هذا الخط قمته إبّان حكم الإرهاب (١٧٩٣ – ١٧٩٤) وهي المرحلة التي وصلت فيها "**عبادة العقل**" ذروتها فأُغلقت كل دور العبادة المسيحية واليهودية، باعتبارها تعبيراً عن خصوصيات غير طبيعية، وانحرافاً عن فكرة الإنسان الطبيعي. ومُنعت الجماعة اليهودية من ممارسة بعض شعائرها باعتبار أنها لا تتفق مع العقل، وإن لم يرسل أي يهودي للمقصلة بسبب عقيدته.

ومَنحت الثورة أعضاء الجماعات اليهودية كل حقوق المواطنين، وحاولت دمجهم في المجتمع عن طريق فتح المدارس لأبنائهم وجاء في أحد

قرارات الثورة أن "**الحقوق هي حقوق تمنح للأفراد من أتباع العقيدة اليهودية، وليست للأقلية اليهودية باعتبارها جماعة متماسكة**"، وهو ما عبَّر عنه شعار "**لليهود أفراداً كل شيء، ولليهود جماعة لا شيء**". وحاول الإشكناز من جانبهم الإبقاء على عزلتهم المتمثلة في رفض المؤسسات الحديثة التي أنشأتها الثورة. ففي عام ١٨٠٨، كان عدد الأطفال اليهود في اللورين والألزاس الذين يذهبون إلى المدارس الحكومية لا يزيد على ١٠ %. ومما زاد المسألة اليهودية الإشكنازية تفاقماً، أن كثيراً من الفلاحين الفرنسيين (نحو ٤٠٠ ألف) الذين اشتروا أراضي كبار الملاك التي صادرتها الثورة اقترضوا الأموال اللازمة لإتمام هذه العملية من المرابين اليهود الذين بلغ عددهم ثلاثة أو أربعة آلاف مراب، ولكنهم عجزوا عن تأدية ديونهم، ما جعل أعضاء الجماعة اليهودية محط السخط الشعبي في الفترة ما بين ١٨٠٢ و١٨٠٥. ومن هنا طرحت "**المسألة اليهودية**" نفسها على نابليون.

وقد كان لدى نابليون بعض الخبرة بشأن أبعاد "**المسألة اليهودية**" بسبب احتكاكه ببولندا، بعد أن أعاد تنظيم مركز بولندا في شكل دوقية وارسو. وكان قد انتهى لتوه من تنظيم علاقة الدولة بالكنيسة الكاثوليكية والكنيسة البروتستانتية، ولم يبق سوى تنظيم علاقتها باليهودية. فدعا عام ١٨٠٦ لعقد مجلس ضم مائة من وجهاء اليهود في الأراضي الخاضعة لحكم فرنسا. وطرح عليهم نابليون اثني عشر سؤالاً عن موقف اليهود من بعض القضايا الاجتماعية والاقتصادية والدينية المهمة المتعلقة بعلاقتهم بوطنهم.

هل يعتبرون أنفسهم أجانب أم فرنسيين؟

هل هم على استعداد للدفاع عن الوطن؟

هل تشجع اليهودية على الربا الفاحش، أم لا؟

هل هناك تناقض بين الإجراءات اليهودية والقانون الفرنسي بشأن الزواج والطلاق؟

هل يُسمَح لليهود بالزواج من المسيحيين؟

وكانت الإجابات في معظمها إما بالإيجاب وإما بالمراوغة. وقرر المجلس أن اليهودي يتعيَّن عليه أن يعتبر الأرض التي وُلد عليها وطنه، وعليه أن يدافع عنها، كما يتعيَّن على كل يهودي أن يعتبر بقية المواطنين إخوته.

كما أكد المجلس أن الشريعة اليهودية وقوانينها لا تتناقض البتة مع القانون الفرنسي المدني، فاليهودية تَحظُر تعدد الزوجات، وقرر أن الطلاق (بحسب الشريعة اليهودية) لا يصبح شرعياً إلا بعد الطلاق المدني، وأن الزواج (بحسب الشريعة اليهودية) لا يصبح شرعياً إلا إذا سبقه زواج مدني. ثم دعا نابليون في فبراير ١٨٠٧ إلى مؤتمر أطلق عليه: "السنهدرين الأكبر" يضم الحاخامات وبعض اليهود من غير رجال الدين ليؤكد القرارات التي تَوَّصل إليها هؤلاء الوجهاء. وقد أعلن السنهدرين ولاءه الكامل للإمبراطور، وبطلان أية جوانب في التراث اليهودي تتناقض مع ما يتطلبه واجب المواطنة. وصدَّق السنهدرين على قرارات مجلس الوجهاء، كما أصدر قوانين تمنع تعدد الزوجات والربا وأخرى تحتم إجراء الطلاق المدني.

وأصدر نابليون بعد ذلك قراراته الخاصة بتنظيم علاقة اليهودية بالدولة الفرنسية. ففي عام ١٨٠٨، أصدر مرسومين تم بمقتضى الأول إقامة

نظام من **المجالس الكنسية** وهي لجان من الحاخامات والرجال العاديين للإشراف على الشئون اليهودية تحت إشراف **مجلس كنسي مركزي**. وكان من مهام هذه المجالس رعاية معابد اليهود وغيرها من المؤسسات الدينية، وتنفيذ قوانين التجنيد.

أما المرسوم الثاني، فاعترف باليهودية ديناً وأصبح الحاخامات مندوبين للدولة مهمتهم تعليم أعضاء الجماعات اليهودية تعاليم دينهم وتلقينهم الولاء للدولة وأن الخدمة العسكرية واجب مقدَّس. وقد اعترفت الحكومة الفرنسية باليهود بوصفهم أقلية، وأصبح لهم كيان رسمي داخل الدولة، فحصلوا على حقوقهم ومُنحوا شرف الجندية.

كما طُلب إلى أعضاء الجماعات اليهودية أن يتخذوا أسماء أعلام وأسماء أسر دائمة على الطريقة الغربية. ورغم أن الأدبيات اليهودية والصهيونية تطلق على هذه القرارات اسم "**القرار المشين**"، فإنه كان قراراً مرحلياً يهدف إلى تحديث اليهود وقد نجح بالفعل في دمجهم بالمجتمع الفرنسي. وبعد عودة الملكية (١٨١٥)، استمرت سياسة إعتاق أعضاء الجماعات اليهودية ودمجهم بشكل يكاد يكون كاملاً، فبرز كثير من أعضاء الجماعات اليهودية في الحياة العامة، بل تَنصَّرت أعداد كبيرة من أعضاء النخبة اليهودية، وبدأت أعداد منهم تدخل النخبة الحاكمة. ولم تتوقف هذه العملية مع الإمبراطورية الثانية، فانتُخب أول نائب يهودي في البرلمان عام ١٨٣٤ وعُيِّن أدولف كريميه وزيراً. وحققت أسرتا روتشيلد وبريير صعوداً في عالم المال. والتحق كثير

من أعضاء الجماعات اليهودية بالقوات العسكرية، ورُقي الضباط منهم إلى أعلى الرتب. ومُنح يهود الجزائر الجنسية الفرنسية عام ١٨٧٠.

ويمكن القول بأن مصير يهود فرنسا ارتبط تماماً بمصير فرنسا والفرنسيين، أي أنهم حققوا درجة عالية من الاندماج. ورغم كل التعثرات فيما بعد، فإن فرنسا أثبتت قدرة غير عادية على استيعاب اليهود بل هضمهم وصفت بأنها **"البلد الذي يأكل اليهود".**

ومع هذا، ظهرت موجة معاداة اليهود ابتداءً من منتصف القرن التاسع عشر، ويمكن إرجاعها لأسباب منها بدايات وفود عمالة أجنبية يهودية لفرنسا، وقد تزايدت معدلات الهجرة منذ عام ١٨٨١. وساهمت هذه العمالة الأجنبية اليهودية في خلخلة وضع أعضاء الجماعة اليهودية وفصلهم عن مجتمعاتهم إذ بدأ يتم الربط بين اليهودي المحلي المندمج واليهودي الوافد، بحيث يصبح الجميع **"يهوداً غرباء"** دون تمييز أو تفرقة أو تخصيص (وهذه طبيعة الفكر العنصري دائماً). ومما زاد الطين بلة أن معظم الوافدين كانوا من شرق أوربا ووسطها ويتحدثون اليديشية (وهي رطانة ألمانية) أو الألمانية نفسها. وكانت ألمانيا عدو فرنسا الأكبر في ذلك الوقت. ويُلاحَظ أنه، في عام ١٨٨٠، كان ٩٠ % من يهود فرنسا يهوداً أصليين منحدرين من يهود العصور الوسطى، أي أنهم كانوا فرنسيين. لكن بسبب الهجرة، أخذت النسبة تتناقص حتى وصلت عام ١٩٤٠ إلى ١٥ %.

واستمر هذا التيار دون توقُّف، فكلما كان أعضاء الجماعات اليهودية يحققون معدلات عالية من الاندماج في محيطهم الحضاري، كانت

تأتي موجة جديدة وافدة، فيعاد تصنيفهم، لا على أساس ما حققوه من اندماج، وإنما على أساس الهوية الأجنبية للوافدين. وهذا ما حدث مرة أخرى في الستينيات، حينما هاجر يهود المغرب العربي لفرنسا، فدعموا الخصوصية الإثنية اليهودية على حساب الاندماج، وأصبحوا يشكلون أغلبية يهود فرنسا. ومع هذا، يجب التمييز بين يهود شرق أوربا ويهود المغرب العربي، فمعظم الوافدين من شرق أوربا ووسطها كانوا يتحدثون اليديشية، ولذا لم يمكنهم تحقيق الاندماج اللغوي بسرعة، هذا على عكس يهود العالم العربي الذين كانت تتحدث أغلبيتهم الساحقة بالفرنسية، وكانت أعداد كبيرة منهم تحمل الجنسية الفرنسية بالفعل (مثل يهود الجزائر)، كما أنهم كانوا يحملون خبرات يحتاج إليها المجتمع الفرنسي. ولذا، لم تكن عملية دبجهم صعبة.

ولأن العمالة الوافدة عادةً ما تكون لديها مقدرة عالية على التنافس مع العمالة المحلية إذ تقنع بمستوى معيشي أقل، ومن ثم بأجور أقل، أدَّى الكساد الاقتصادي الذي كان سائداً آنذاك إلى تَفاقُم الأزمة وتَزايُد الحقد ضد الوافدين الأكفاء. وهكذا شهدت أواخر القرن التاسع عشر تَعاظُم الاتجاه نحو معاداة اليهود، وانفجر ذلك في قضية دريفوس. ويجب تأكيد أن العداء لدريفوس، الذي جاء من الألزاس، كان جزءاً من عداء عام تجاه الأجانب مثل الإيطاليين، بل الأقليات الفرنسية مثل الأوكستينيان والأوفيرنيان، كما يجب تأكيد أن الصراع كان يدور، لا بين اليهود والأغيار، وإنما بين العلمانيين والمتدينين. ولذا، فحينما حُسمت القضية عام ١٩٠٥، اتخذ العلمانيون إجراءات مشددة وتم فصل الدين عن الدولة تماماً.

الدكتور رفيق عبد السلام: التجارب العلمانية في العالم العربي اقترنت بالتسلط ... ولا عداوة بين الدين والديمقراطية[23] أين التحديث العربي ونسب الأمية تتجاوز ٥٠% في بعض الدول؟

حاوره – محمد فوراتي
الفجر نيوز ١٦ / ٢ / ٢٠٠٨

---

(23) نقلاً عن جريدة الفجر التونسية – الرابط:

https://www.turess.com/search/%D8%A7%D9%84%D8
%AF%D9%83%D8%AA%D9%88%D8%B1+%D8%B1%D9%81
%D9%8A%D9%82+%D8%B9%D8%A8%D8%AF+%D8%A7%D
9%84%D8%B3%D9%84%D8%A7%D9%85++%D8%A7%D9%8
4%D8%AA%D8%AC%D8%A7%D8%B1%D8%A8+%D8%A7%
D9%84%D8%B9%D9%84%D9%85%D8%A7%D9%86%D9%8A
%D8%A9+%D9%81%D9%8A+%D8%A7%D9%84%D8%B9%D
8%A7%D9%84%D9%85+%D8%A7%D9%84%D8%B9%D8%B1
%D8%A8%D9%8A+%D8%A7%D9%82%D8%AA%D8%B1%D9
%86%D8%AA+%D8%A8%D8%A7%D9%84%D8%AA%D8%B3
...+%D9%84%D8%B7

صدر عن مركز **الجزيرة للدراسات** بالتعاون مع **الدار العربية للعلوم** كتاب جديد للباحث رفيق عبد السلام تحت عنوان: **"في العلمانية والدين والديمقراطية: السياقات والمفاهيم"**، وهو دراسة غنية تتناول إشكاليات الديمقراطية والعلمانية والدين والحداثة، وعلاقتها كلها بواقع التطور والتخلف في العالم العربي، ولم يكن هذا البحث بهدف تقريظ العلمانية مثلاً او اثبات تهافتها، بل هو محاولة للفهم والتفكيك بغرض فتح آفاق جديدة للنظر والتفكير في قضايا مصيرية للإنسان العربي والمسلم. وقدم الباحث قراءته الطريفة التي لن ترضي أحداً ربما، ولكن ستحفز الجميع على التفكير في واقعنا والبحث عن أسلم الحلول لمستقبلنا.

والمؤلف باحث تونسي حاصل على الدكتوراه في الفكر السياسي والعلاقات الدولية من **جامعة وستمنستر** سنة ٢٠٠٣، وقد اشتغل بالبحث والتدريس في الجامعات البريطانية، وله العديد من الإصدارات بالعربية والانجليزية.

وكان صدور هذا البحث ووجود الدكتور رفيق عبد السلام في الدوحة فرصة لهذا الحوار الفكري الناضج، مع باحث شاب تشبع بالفكر والمفاهيم الغربية بعد أن شب في البيئة العربية الإسلامية بمختلف هزاتها وآلامها، فطرحنا عليه مختلف هذه القضايا التي تشغله كما تشغل الكثير من المفكرين العرب.

* لماذا جمعت الثالوث الديمقراطية والعلمانية والدين في كتاب واحد؟

— المسألة لا تتعلق بمجرد اختيارات أو رغبات فردية في الجمع بينها، بقدر ما تتعلق بحالة تداخل فرض نفسه على الجميع، سواء أكان ذلك على الصعيد النظري أم الواقع العيني، فلا يمكن تناول موضوع العلمانية مثلا بمنأى عن الكيفية أو الكيفيات التي استجابت وتستجيب بها الأديان للتحديات العلمية والديمقراطية وأضيف إلى ذلك الحداثة، سواء كانت هذه الاستجابة تقوم على التوأم أو على الصدّ والممانعة، ولذلك غدا أمراً دارجاً في مجال الأكاديميا الغربية دراسة قضية العلمانية، ليس داخل أقسام العلوم السياسية والاجتماعية فحسب بل داخل أقسام الثيولوجيا والأديان المقارنة أيضاً، أما قضية الديمقراطية التي تعد أحد أهم تعبيرات ما بات يعرف اليوم بالحداثة السياسية فهي لا تستطيع بدورها تجاهل التحديات التي تفرضها الأديان وحركة العلمنة في نفس الوقت.

ولعل أهم ما دفعني إلى دراسة هذه المواضيع الثلاثة وإدراجها في كتاب واحد شعوري العميق منذ وقت مبكر عند مباشرتي بحث الدكتوراه في الجامعة البريطانية بمحدودية هذه المفاهيم، فضلاً عن قصور المعالجات الغربية المغلفة بغطاء الموضوعية والحيادية العلمية، خصوصاً حينما يتعلق الأمر بتناول الإسلام وأوضاع المجتمعات الإسلامية، وما يطبع ذلك من تعميم وتبسيط مشطين.

*** اقترنت مفاهيم الديمقراطية بالغرب وتجاربه المختلفة فهل هذا صحيح من خلال الممارسة؟**

– إذا أردت القول: إن الغرب الحديث كان مهداً لتشكل الديمقراطية الليبرالية فهذا صحيح إلى حد ما، بيد أنه لا يجب المبالغة في إضفاء ملمح ديمقراطي على الغرب، لأن هناك وجوهاً أخرى مرعبة في مسار الحداثة الغربية لا تقل أهمية عن التعبير الليبرالية الديمقراطية، ومنها النازية والفاشية ثم الشموليات الشيوعية، وقبل ذلك وبعده موجات التوسع الاستعماري وإذلال الشعوب الأخرى، أي من الصعب هنا تقديم صورة نمطية وموحدة عن الغرب الحديث تعادل الديمقراطية والليبرالية.

ولعل أحد أهم الظواهر التي تلفت الانتباه هنا هو كون ديمقراطية الداخل قد تزاوجت وإلى يومنا هذا مع نوع من العنف والسيطرة في الخارج، وقد كان هذا التوتر بمثابة حالة مكينة في الليبراليات الغربية منذ وقت مبكر، فحينما كان نابليون بونابرت ينادي بشعارات الحرية والمساواة التي جلجلت بها **الثورة الفرنسية** كانت جيوشه تجتاح مصر تحت شعار تصدير الحضارة للشعوب المتخلفة. واليوم يحدثنا بوش عن فضائل الديمقراطية وبركات الحرية، ويكر علينا بغزواته وحروبه المباشرة وغير المباشرة في العراق وأفغانستان وفلسطين ولبنان.

ومع ذلك فإن الديمقراطية لم تعد نادياً غربياً مسيحياً، بل نحن نشهد تحولاً من وحدة النموذج إلى تعددية النماذج الديمقراطية، بحسب حاجات وخبرات الشعوب، خاصة تلك الواقعة خارج الفضاء الأوروبي الأطلسي.

فنحن إزاء ديمقراطية هندية وبرازيلية وفنزويلية وتركية وإندونيسية وغيرها، ونصف ديمقراطية إيرانية ومغربية وغيرها..

*** اختلفت التجارب العلمانية في الغرب بين فرنسا مثلاً وانجلترا، فما هي الفوارق الحقيقية في هذه التجارب؟**

— نعم هناك اختلاف بين التجارب العلمانية، وأضيف إلى ذلك بأن **العلمانية الفرنسية** تمثل استثناء حتى بالمقاييس الغربية والأوروبية، فإذا استثنينا التجربة الشيوعية التي اقترنت بنزوع عقائدي نحو فرض نوع من العلمانية الصلبة والإلحادية، تقترب من بعض الوجوه مع النموذج اللائكي الفرنسي، فإن بقية العلمانيات الغربية قد نحت منحى الوفاق والتسوية بين الكنيسة والدولة وبين الديني والعلماني عامة، أكثر مما اتسمت بالصدام والمواجهة. بريطانيا إلى يومنا هذا لا تقول بأنها دولة علمانية أصلاً، وهي تجمع واقعاً بين الكنيسة والدولة حيث تتولى الملكة رئاسة الكنيسة الإنجليكانية وتمثيل التاج البريطاني في نفس الوقت، كما أن ما يسمى بالدين المدني الذي يستمد جذوره من المختزنات المسيحية ما زال حاضراً، سواء في مناهج التدريس والثقافة العامة عند البريطانيين، وإن كان هنالك تراجع ملحوظ في نسبة الإقبال على الكنائس بين الكاثوليك والبروتستانت على السواء.

تتسم **العلمانية الفرنسية** بتوجهات جذرية ومعادية للكنيسة والدين عامة، مثلما تتسم بنزعة تدخلية مشطة. ومن ذلك المراهنة على إحلال التصورات العلمانية الدهرية عبر ذراعي الدولة الجمهورية والمدرسة اللائكية.

فالعلمانية الفرنسية، مثلاً، لا تقوم على تحييد الدولة مثلاً من **المجال العام**، وجعله أكثر انفتاحاً أمام مختلف التوجهات الدينية والعقدية، بقدر ما تقوم على إخلاء **المجال العام** من كل المؤثرات والتعبيرات الدينية وملئه بالقيم الدهرية الوضعية، ولعل هذا ما يفسر الصخب الشديد الذي أثاره وما زال يثيره الفرنسيون حول قضية بسيطة مثل ارتداء النساء المسلمات للحجاب وفرض قانون يحظر لباسه في المدارس، بما لم يثر مثله في بريطانيا أو الولايات المتحدة الأمريكية. أما الدولة عند الفرنسيين فهي ليست مجرد أداة لتنظيم الشأن العام، بل هي روح الشعب وصوت الأمة ومجال تجسد كل الفضائل السياسية والأخلاقية.

*** طبقت كثير من التجارب العلمانية في العالم العربي ولكنها تهاوت وتركت جراحاً يصعب اندمالها فكيف تقرأ هذه التجربة العربية مع العلمانية؟**

— لعل أول ما يلفت الانتباه أن تجارب العلمنة في المنطقة العربية اقترنت بأقدار غير قليلة من التسلط السياسي، وربما يعود ذلك إلى عاملين رئيسيين أولا أن العلمانية في هذه المنطقة والتي تشكلت في الغالب الأعم في أجواء الميراث الامبريالي الغربي، قد ساهمت بأشكال متفاوتة في عزل النخبة السياسية والثقافية عن محيطها الاجتماعي والشعبي، ومن ثم قطعت جسور التواصل بين الطرفين. ثانياً، لقد غذت عزلة النخب الرسمية وهشاشة قاعدتها الشعبية الحاجة إلى اللجوء إلى الدولة وخاصة جهازيها البيروقراطي والأمني لفرض الانضباط على جسم سياسي تراه غريباً ومنفصلاً عنها. لعله لهذا

السبب بالذات تبدو الدول العربية الموصوفة بالتقليدية والمحافظة أقدر على التواصل مع محيطها الشعبي وحتى على التطور الديمقراطي من أخواتها الحداثية والعلمانية التي تعاني من حالة استقطاب ثقافي وسياسي شديدين.

*** هل ترى من ضرورة لاقتران الديمقراطية بالعلمانية؟**

— هذا الالتقاء ليس إلا ممكناً من الممكنات التاريخية وليس أكثر، بل إنه عند التحقيق الجاد يتبين أن الديمقراطيات الغربية نفسها اشتغلت ضمن أرضية مسيحية معلمنة، ولم تكن مفاصلة للأديان والعقائد بإطلاق على نحو ما يتصور الكثير، وقد سبق لألكسيس دي توكفيل المؤرخ الفرنسي المعروف مثلاً، أن ذكر من موقع معاينته المباشرة للتجربة الأمريكية بأن الكنيسة تمثل أهم مؤسسة سياسية، حيث يبدو هذا البلد منطبعاً بالروح المسيحية البروتستانتية في كل شيء من الاقتصاد إلى السياسة ومن الثقافة إلى المجتمع.

صحيح أن السرديات العلمانية الكبرى إن جاز القول تريد أن تقدم نموذجا ورديا عن العلمانية مفاده هذا الزواج الكاثوليكي بين العلماني والديمقراطي، بيد أن هذه الرؤية أقرب إلى الأسطورة منها إلى الواقع. فقد كان هتلر وموسيليني وستالين وأنور خوجه وكمال أتاتورك وبورقيبة كلهم علمانيين خلصا ولكنهم لم يكونوا ديمقراطيين ولا متسامحين مطلقا.

*** لماذا فشلت النماذج العلمانية في العالم العربي ونجحت في الغرب؟**

— المسألة لا علاقة لها بالطرح العلماني في حد ذاته، وما إذا كان حسناً أو سيئاً بقدر ما تتعلق بسياقات التاريخ السياسي. كانت العلمانيات الغربية في صورتها الغالبة حلاً عملياً للسيطرة على معضلة الانقسام داخل الكنيسة الذي فتحته الحروب الدينية للقرنين السادس عشر والسابع عشر، فقد مرت أوروبا وعلى امتداد مائة وثلاثين سنة تقريباً من سنة ١٥٥٩ إلى ١٦٨٩، أي منذ ظهور الحركة البروتستانتية في الشمال الأوروبي بحالة واسعة من الاضطرابات السياسية والنزاعات الدينية الهائلة.

وفعلاً كانت العلمانية عبارة عن تسوية تاريخية لاستعادة الوئام المدني المفقود، وقد انتهت هذه المعادلة إلى تحييد الدولة عن الصراعات الدينية وإبعاد الكنيسة عن الدولة. أما في السياق العربي الإسلامي فقد كانت حركة العلمنة مغذية لحركة الاستقطاب الثقافي والاجتماعي بدل أن تكون مساعدة على الوحدة والانسجام الاجتماعيين. بل لعل المطلب الأقرب عندنا في البلاد العربية والإسلامية ليس تحرير الدولة من قبضة الدين أو الجهاز الديني لأنها في أصلها متحررة من كل شيء، بل تحرير الدين والمعممين من قبضة الدولة.

بيد أن أخشى ما نخشاه هنا أن تكون تيارات التشدد الإسلامي التي انتدبت نفسها لمحاربة العلمانية والعلمانيين الدافع الأكبر لحركة العلمنة قبل غيرها من خلال ما تشيعه من انقسامات دينية وطائفية، فحينما يتحول الدين إلى عامل مغذي للانقسام الطائفية والمنازعات الكلامية فإنه يؤسس شروط تجاوزه بوعي أو من دون وعي نحو الحل العلماني.

٢١٦

* **الصراع ما زال محتدماً بين العلمانيين والاسلاميين العرب وقد تداعى البعض مؤخراً في مؤتمر بالمغرب نظمه مركز الديمقراطية والإسلام في واشطن إلى الدعوة إلى علمانية إسلامية؟ فكيف ترى مثل هذه الدعوة التوفيقية؟**

— كثيراً ما تكون المصطلحات مضللة ولا تساعد على رأب التصدعات وفتح جسور التواصل بين مختلف القوى السياسية والاجتماعية ولعل لفظ علمانية يدخل ضمن هذا الإطار، فكلمة علمانية تبدو بالغة الإشكال حتى ضمن الاستخدامات الغربية، قبل أن نتحدث هنا عن الاستخدام العربي الإسلامي، وقد رأيت الكثير من المثقفين والسياسيين العرب يستهجنون أن يطلق عليهم صفة العلماني أصلا لما ترسخ في الوعي العام بأن العلمانية قرينة المروق في الدين وربما الإلحاد، وربما يلتبس الأمر على بعض الناس فيبدو لهم أن المناداة بالعلمانية الإسلامية أشبه ما تكون بالمناداة بالإلحاد الإسلامي.

لقد تبين لي أن هذه العلمانية وعلى نحو ما استقرت في الأدبيات الفكرية والسياسية الغربية لا يمكن قصرها على فصل الكنيسة أو الجهاز الديني عن الدولة أو حتى فصل الديني عن السياسي، وإن كان هذا الجانب يعد بعدا من أبعادها. فالعلمانية تعني في بعد من أبعادها الأساسية وعلى نحو يعرفها عالم الاجتماع الألماني ماكس فيبر نزع الهالة القدسية عن العالم، قاصداً بذلك إحلال المرجعية الوضعية الدنيوية محل فكرة التعالي والتجاوز التي

تطبع الأديان السماوية عامة، في مختلف شعاب الحياة وسائر الحقول الاجتماعية من السياسة إلى الاقتصاد ومن التشريعات إلى الفن.

ولعل الشيخ جمال الدين الأفغاني لم يكن مخطئاً بإطلاق حينما عرف العلمانية بالدهرية منذ أواسط القرن التاسع عشر في نصه الشهير المعنون بـ **"رسالة في الرد على الدهريين"**.

وعلى هذا الأساس أقول إنه من الأنسب هنا التخلي عن استخدام هذه الكلمة بكلمات أخرى أكثر حياداً وانضباطاً ودقة من قبيل التسامح والديمقراطية والتعددية وحيادية الدولة وهي كلها من المطالب المشروعة واللازمة في عالمنا العربي الإسلامي.

* وهل من جدوى للحوار بين العلمانيين والإسلاميين؟

— هذه ضرورة يفرضها علينا واقع الاجتماع السياسي وضرورات الحياة، إن كانت هناك رغبة فعلاً في العيش المشترك وضمان حياة مدنية مستقرة وهادئة، الأمم الحية هي التي تتحاور وتتواصل مختلف قواها الاجتماعية والسياسية بدل أن تتلاعن وتتدابر فيما بينها. لقد أصبح الإسلاميون حالة مكينة في النسيج الاجتماعي والمعادلة السياسية بما لا يمكن إلغاؤهم، كما أن التيارات العلمانية قد أضحت مكوناً ثابتاً لا يمكن شطبه. الأوضاع العامة لا يمكن إلغاؤها تستقر بإسلاميين من دون علمانيين، ولا بعلمانيين من دون إسلاميين.

لقد دفعت بعض البلاد العربية التي حاولت إلغاء أو تجاهل هذه الحقيقة ضريبة مكلفة على استقرارها المدني وتنميتها الاقتصادية، كما هو الأمر في الجزائر والأراضي الفلسطينية المحتلة وتونس ومصر وغيرها، والعاقل من اتعظ بغيره.

لقد اضطرت تركيا العلمانية وبعد صراعات مكلفة وقاسية للاعتراف بإسلامييها، وإيران الإسلامية تواجه اليوم صعوبات كبيرة في إصرارها على شطب علمانييها من المعادلة، ولن يمر وقت طويل حتى تضطر إلى الاعتراف بهذه الحقيقة مهما كانت قاسية ومرة على قلب الساسة الإيرانيين. ليس عندي حل سحري، ولا أومن أصلاً بالحلول السحرية، ولكنني أكتفي بالقول إن مجتمعاتنا هي في أمس الحاجة إلى انتهاج خيار التسويات السياسية والاجتماعية مع تجنب المطالب الإيديولوجية المشطة لكل من الإسلاميين والعلمانيين على السواء. إن حركة المجتمعات هي أصلب وأقوى من كل التطلعات الايديولوجية والأحلام السياسية لبعض الأفراد والمجموعات، وعليه لن تصبح مجتمعاتنا إسلامية "نقية" على نحو ما تتصور الجماعات الدينية الجذرية، ولكنها لن تصبح أيضا علمانية مطلقة على نحو ما يتصور بعض العلمانيين الجذريين والأصوليين.

*** هل يمكن تطبيق الديمقراطية في المجتمع العربي الذي يحتل فيه الدين موقعاً متقدماً؟**

— واحد من الأوهام الرائجة في سوق بعض المثقفين والإعلاميين العرب هو كون مجتمعاتنا تعاني مما يطلق عليه تعثر أو فشل ديمقراطي نتيجة

معوقات ثقافية ودينية راسخة، لذا يكفي أن يتم تغيير الثقافة و"إصلاح" الدين، أو لك أن تقول إفساد الدين، حتى تكون الديمقراطية بخير وعافية.

ولو صح هذا الأمر لكانت الدول العربية الأكثر علمنة هي الأكثر دمقرطة، في حين أن ما نشهده واقعا يناقض ذلك تماما، إذ تبدو الدول العربية الموصوفة بالتقليدية والمحافظة أكثر انفتاحاً وتطوراً ديمقراطياً، من أخواتها المعلمنة.

الأديان ليست كتلاً صماء وثابتة المواقع والخطوط بل هي خاضعة بوجه أو بآخر لنوعية الأجواء العامة التي تشتغل ضمنها، فلا تنتظر مثلاً من مجتمعات تطحنها الحروب الأهلية ويسحقها الاحتلال الأجنبي أن تكون تعبيراتها الدينية سلمية ومنفتحة. بيد أن الأديان عامة قد تصبح مدمرة فعلاً حينما تتحول إلى كتل طائفية ومذهبية منغلقة على نفسها بدل أن تكون دافعة لروح السماحة والانفتاح.

وأخلص من ذلك إلى القول إذا كان هنالك فعلاً تعثر ديمقراطياً في المنطقة العربية فيجب أن نبحث عنه بعيداً عن التفسيرات الثقافية والدينية السطحية التي تضلل أكثر مما تساعد على الفهم السليم.

وأنا ممن يعزون هذا الفشل إلى اعتبارات بنيوية تخص وضع الدولة العربية وثقل المصالح الأجنبية في المنطقة، بما يجعل المشروع الديمقراطي في الغالب الأعم يصطدم مع المصالح الأجنبية لأنه لا يفرز في الغالب الأعم النخب المطلوبة.

*** في الوقت الذي تتمدد فيه تيارات الإسلام السياسي شهدت العلمانية في العالم العربي والإسلامي تقلصاً أو تفككاً، رغم توافر الظروف الإقليمية والدولية فما تفسيرك لذلك؟**

— ليس في الأمر مؤامرات أو دسائس على نحو ما يفسر بعض المثقفين العرب لأن الظواهر الاجتماعية ليست عجينة طيعة أو لعبة صلصال تتحكم فيها أياد خفية أو ظاهرة، بل هي تتجاوز الفعل الإرادي أو التآمري لبعض الأفراد والمجموعات، ولو كانت المؤامرات تصنع الظواهر وحركة الأفكار لأصبح العلمانيون العرب القوة الأكبر والأوسع تأثيراً في العالم العربي، إذا ما علمنا أن أولويات السياسة الأمريكية والغربية عامة تقوم على دعم ما أسمته بالعلمانيين الحداثيين مقابل الأصوليين الإسلاميين ووضعت على رأس أولوياتها صنع ما أسمته بشبكات "**الاعتدال**" الليبرالي الحداثي.

ما أردت قوله هنا أن صعود الإسلام السياسي وإخفاق العلمانيين ليس فيه أسرار ولا مؤامرات، بل كل ما في الأمر أن الإسلاميين يمتلكون لغة مفهومة وقابلة للتواصل مع الجمهور العام خلافا للمجموعات العلمانية المغتربة لغة وأنماط حياة، كما أن حمل الإسلاميين للتطلعات العربية المحبطة في الوحدة والتدخلات الأجنبية قد منحهم مشروعية سياسية وأخلاقية واسعة. بيد أن ما ذكرناه هنا لا يعطي الإسلاميين صكا على بياض، بل يمكن أن يصيبهم ما أصاب قوى أخرى سابقة أو مزامنة لهم، فتجري عليهم سنة التداول السياسي والاجتماعي كما جرت على غيرهم من اليساريين والعروبيين والليبراليين إذا ما تخلوا عن وعودهم الكبرى.. حينما تتحول

الأحزاب الإسلامية إلى مجرد مكاتب بيروقراطية لا هم لها سوى اكتساب بعض المغانم السياسية من مقاعد برلمانية وحقائب وزارية فلن يكون حالها أفضل من حال أخواتها العلمانيات المأزومة.

*** هل تعتقد أن الحركات الإسلامية يمكنها أن تساهم في إنجاح التجربة الديمقراطية بالعالم العربي؟**

– يمكن أن يلعب الإسلاميون دوراً مهماً في إنجاح التجربة الديمقراطية المتعثرة في العالم العربي شريطة الوعي بتعقيدات الساحة السياسية العربية والتوازنات الدولية، ومن ذلك أخذ مصالح الآخرين بعين الاعتبار وانتهاج ديمقراطية الوفاق والتسويات بدل ديمقراطية عد الأصوات وصناديق الاقتراع.

فالحركات الإسلامية السلمية، وبحكم ما تمتلكه من ثقل جماهيري يمكن أن تساهم في تحويل الخيار الديمقراطي من عملية فوقية، قاصرة على بعض الجيوب النخبوية إلى مطلب شعبي نضالي، إذا ما بحثت عن أرضية اللقاء والعمل الجبهوي مع غيرها من القوى الأخرى. وهنا أقول لا بد من الابتعاد عن أدلجة الديمقراطية وتحويلها إلى ما يشبه العقائد والاديان، فأنا ممن يقولون بالديمقراطية الإجرائية أي اعتبارها جملة من الوسائل والآليات التي تسمح بالتخفيف من وطأة الاستبداد وتجنب الحسم بقوة السلاح أو العنف.

طبعاً، البعض تنتابه مخاوف من أن الإسلاميين إذا ما وصلوا إلى السلطة فإنهم سيكسرون السلم الذي صعدوا به، وقد تكون هذه المخاوف

صحيحة أو مبالغاً فيها، إلا أن أهم ضمانة في نهاية المطاف هي التدرب على العمل المشترك، وإيجاد معادلة سياسية عامة تحول دون تغول أي طرف أو انفراده بالحكم.

*** في الوقت الذي تتقدم فيه الشعوب وتتعدد فيه التجارب التنموية في عديد الأقطاب الغربية والآسيوية ما زال العرب والمسلمين يعيشون جدلاً عقيماً حول عديد القضايا مثل الحجاب والمرأة ودور الدين والطائفية والمذهبية .. فهل هناك مخرج من هذه الدائرة؟**

— الوضع العربي مأزوم فعلا والكثير من القضايا التي تستهلك حيزاً واسعاً من المساجلات والمراشقات لا تستحق أن تشغل كل هذا الاهتمام وتصرف فيها كل هذه الأوقات. هناك مشاكل موجودة فعلاً ولكن تتم المبالغة في طرحها، وهنالك قضايا أخرى ذات أولوية يتم تجاهلها أو في الحد الأدنى لا تأخذ نصيبها من التداول العام. سؤال الهوية مثلاً، والذي يتغذي من الشعور العام بالخطر الذي يتهدد الدين وكيان الجماعة فيه قدر غير قليل من المبالغة والتهويل، خذ مثلاً على ذلك، عمليات تصيد الكتاب والروائيين وجلبهم إلى ردهات المحاكم أو الاستنجاد بدولة في قضايا الفكر والثقافة تحت ذريعة الدفاع عن الدين والأخلاق تبدو عملية عبثية وتضع الإسلام والمسلمين في صورة المصادر لحرية الفكر والتعبير، وهي صورة مشينة بكل المقاييس، فالفكر لا يمكن الرد عليه إلا بالفكر والرواية أو القصة لا يمكن تحديها إلا برواية وقصة أكثر جمالية وإبداعاً.

*** تعيش الكثير من الدول العربية تجارب تحديثية لم تتمخض عن تطور حقيقي فكيف قرأت هذه التجارب؟**

ــ التحديث العربي لم يؤد إلى تطور حقيقي وجاد لأنه تحديث أداتي يقوم على مظاهر استهلاكية سطحية مجلوبة من السيارة إلى الثلاجة إلى علبة الكبريت، وحتى أثوابنا العربية والتي نعدها رمز أصالتنا نجدها ممهورة بعلامة طبع في كوريا الجنوبية والصين هذا إن لم تكن في باريس ولندن.

التحديث الحقيقي هو الذي يحمي كرامة الإنسان ويرتقي بملكاته ووعيه وليس مجرد مد الجسور والطرقات وشبكات الكهرباء والصرف الصحي على أهمية ذلك.

حقيقة إن المرء ليشعر بالخجل والوجل حينما يرى أمة إقرأ ما عادت تقرأ، أو هي لا تحسن القراءة أصلاً، ويشتد الوجع أكثر حينما يرى ما تتعرض له لغة الضاد أعظم وأعرق لغات العالم إلى إهانة وحيف من طرف أهلها قبل غيرهم. فأي تحديث يمكن الدفاع عنه ونحن نرى نسب الأمية تصل في بعض البلاد العربية إلى ما يربو على الخمسين بالمائة. بيد أنني مع ذلك لست يائساً لأن إرادة الحياة والتجدد ما زالت حية في هذه الأمة وما زالت تطلعاتها في النهوض والتدارك قائمة.

*** هل يمكن بناء حداثة إسلامية بعيداً عن التجارب العلمانية الغربية؟**

— لست مشغولاً كثيراً في البحث عن الخصوصيات المنغلقة على نفسها، ولكنني في نفس الوقت لا أطمئن إلى الادعاءات الكونية الساذجة التي تطبع الكثير من الكتابات العربية، وبهذا المعنى أقول نعم يمكن بناء حداثات إسلامية، وفق المختزنات الثقافية والرمزية والخبرات التاريخية الإسلامية، لأنني أفهم الحداثة على أنها انفتاح على إمكانيات تاريخية متعددة وليست وصفة سحرية جاهزة وناجزة، لقد حان الوقت لإعمال الفكر والاجتهاد الحي في الحداثة بدل الاختفاء خلف دعاوى تنويرية كاذبة. المشكلة أن ترديد مقولات العقلانية والحداثة والتنوير والعقلنة قد غدت في عالمنا العربي مسوغاً للعطالة الفكرية والقعود الذهني، ويؤسفني أن أقول أن الكثير من العقلانيين عندنا تحولوا إلى مشعوذين، والحداثيين تحولوا إلى منجمين وكاتبي تمائم وليس أكثر.

*** هل يمكن أن يكون الدين معيقا للتجربة الديمقراطية؟ وهل العلمانية عدو للدين؟**

— الجواب بنعم ولا في نفس الوقت، يمكن للدين أن يكون من بين العوامل المعيقة للديمقراطية إذا ما تم استدعاؤه على نحو سلبي، مثلما يكون رافدا ومعززا للديمقراطية إذا ما تم استدعاؤه على نحو مثمر وبناء، وهذا أمر يصح على العلمانية أيضاً. إسلام أيمن الظواهري والجماعات العنفية يمثل عائقاً فعلاً أمام الاستقرار الأهلي والديمقراطية في البلاد الإسلامية بيد أن إسلام طيب أردوجان ومحمد خاتمي ومهاتير محمد وراشد الغنوشي يمثل محفزاً ودافعاً جدياً للديمقراطية. لقد غدا أمراً مسلماً به أن الدين يلعب دوراً مهماً

في تغذية الحس المدني وغرس معاني المسؤولية والواجب الأخلاقي والتخفيف من النزوعات الفردية الأنانية، ولهذا السبب بدأت الكثير من الليبراليات الغربية أكثر وعياً وميلاً نحو إدخال الدين أو الأديان في مناهج التعليم والتربية للتخفيف من نزوعات التفرد والشعور بالعدمية، وبهدف تجنب الضريبة الباهظة والمكلفة لحركة الرأسمالية المعولمة الآخذة في تغليب مبادئ المصلحة والنجاعة على أي قيمة ومعنى.

*** إذا لماذا بقي العالم العربي والإسلامي يتخبط في الصراعات والتخلف فلا حقق الديمقراطية ولا حقق التنمية؟**

— مسألة التخلف في العالم العربي قضية يجب أن يتم تناولها بقدر من الجدية والهدوء حتى لا نقع في الأوهام أو نقدم تشخيصاً مضللاً وحلولاً مغشوشة. عالمنا الراهن هو عالم التكتلات والدول القارية التي تعلو على القوميات الضيقة، ونحن نصر على دخوله طوائف متدابرة وقبائل متحاربة، ونصر على أسر أنفسنا بكيانات سياسية ضعيفة وواهية لا تستطيع الدفاع عن الحد الأدنى من مقومات الوجود والسيادة. لا ديمقراطية ولا حداثة ولا تنمية ولا هم يحزنون بدون تفكير جدي في المصير العربي المشترك ضمن الفضاء القومي والدائرة الحضارية الإسلامية الأوسع.

إن قضية التكامل العربي سواء على صعيد الاقتصاد أو السياسة أو على صعيد التعليم والثقافة مسألة بالغة الحيوية للعرب دولاً وكياناً جماعياً، وهي مسألة تمليها اعتبارات المصالح قبل أن نتحدث عن الإيديلوجيا هنا. لقد جرب العالم العربي خلال العقدين الأخيرين مقولة أن تنهج كل دولة إلى نزع

شوكها بنفسها بعيداً عن الإطار العربي الأوسع فلم تجن لنفسها قبل غيرها إلا مزيداً من الدمار والخراب.

شوكها بنفسها بعيداً عن الإطار العربي الأوسع فلم تجن لنفسها قبل غيرها إلا

الحكومة الفرنسية تنشر مشروع قانون حظر المظاهر الدينية في المدارس العامة(٢٤)

المنظمات الإسلامية المتشددة تدعو إلي التظاهر وإمام مسجد باريس يطالب بتجاهل الدعوة

رقم العدد: ٤٢٧٦٨ – ١٠ / ١ / ٢٠٠٤
باريس: من ليلي حافظ ومواقع الإنترنت

أصدرت **وزارة التعليم الفرنسية** أمس مشروع القانون الذي ينظم عملية تطبيق مبادئ العلمانية في المدارس الفرنسية العامة وسط تزايد الجدل في الشارع الفرنسي حول مبدأ القانون الذي يحظر ارتداء كل الرموز الدينية – الطاقية اليهودية والصلبان الكبيرة والحجاب – وتستعد الجمعيات

---

(٢٤) موقع جريدة الأهرام القاهرية – الرابط:
http://www.ahram.org.eg/Archive/2004/1/10/W
orl2.htm

والاتحادات الإسلامية في باريس للتظاهر ضد القانون في ١٧ يناير الحالي قبل تقديم المشروع إلي البرلمان لمناقشته في بداية شهر فبراير المقبل.

وقد رصدت الصحافة الفرنسية هذا الجدل حيث تصدر الصفحة الرئيسية لصحيفة **فرينش نيوز** — أنباء فرنسا — أكثر الصحف الفرنسية الصادرة بالإنجليزية انتشاراً، كما استضافت صحيفة **ليموند** الفرنسية علي موقعها علي الإنترنت استبياناً من ٣٥ سؤالاً لقياس اتجاهات زوار الموقع تجاه القانون المثير للجدل.

ويتكون مشروع القانون الجديد من ثلاث مواد تحظر المادة الأولي في الكليات والمدارس الحكومية العامة كل العلامات والملابس التي تظهر بشكل واضح الانتماء الديني للتلاميذ، وتشير المادة الثانية إلي أن القانون يطبق في الأراضي الفرنسية فيما وراء البحار، وأخيراً تؤكد المادة الثالثة علي أن القانون سيطبق ابتداء من العام الدراسي المقبل.

ويضم المشروع جزءاً توضيحياً يشير إلي أهمية مبدأ العلمانية في فرنسا، وقيم الاحترام والحوار والتسامح، التي تنادي بها الجمهورية، كما أوضح أن التلاميذ يمارسون شعائرهم بحرية وأن عليهم أن يحترموا أيضا العلمانية في المدرسة التي يجب أن تظل محايدة، كما أكد مشروع القانون حظر تطبيق القانون في الأراضي الفرنسية فيما وراء البحار كل حسب النظام القانوني في المناطق المختلفة فيما يخص تقسيم المسئوليات بين الدولة والمحليات.

وكان مبدأ إصدار قانون يمنع الملابس التي تنم عن الدين في المدارس العامة الفرنسية قد قسم المجتمع الفرنسي بين مؤيد ومعارض، حتي داخل **المجلس الفرنسي للدين الإسلامي** نفسه، الذي عقد اجتماعاً لبحث المشروع وانقسم بين الرئيس دليل بوبكر إمام **مسجد باريس** الكبير، وهو المسجد المعتدل والموالي للدولة الفرنسية، وبين **اتحاد المنظمات الإسلامية** في فرنسا وهي منظمة متشددة حصلت علي عدد كبير من الأصوات في انتخابات المجلس.

وحول المظاهرات التي أعلن عن خروجها في ١٧ يناير الحالي، دعا بوبكر إلي التهدئة وعدم الاشتراك في المظاهرة بينما شجعت المنظمات الأخري العضو في المجلس المظاهرة، وأكد فؤاد علوي نائب رئيس المجلس، ورئيس **اتحاد المنظمات الإسلامية في فرنسا** أن علي المسلمين التلويح بصوتهم الانتخابي خاصة أن فرنسا تشهد في العام الحالي عدداً من الانتخابات المحلية والإقليمية.

*** قصة الحجاب.. تهديد مبدأ علمانية التعليم:**

كان هذا عنوان المقال الذي تصدر الصفحة الأولي لصحيفة **الفرينش نيوز** وناقش رد فعل الكنيسة تجاه القانون فينقل عن الكاردينال بيرنارد بانافيو الرئيس السابق **للجنة الأساقفة الخاصة بالعلاقات بين اتباع الديانات المختلفة،** تأكيداً علي أهمية خلق حوار هادئ بين المسلمين والمسيحيين للوصول إلي نقطة التقاء بينهما تقضي علي جهل كل طرف

بالآخر، ذلك الجهل الذي يشكل التربة الخصبة التي ينمو فيها أي فكر متطرف.

وأبدى الكاردينال بانافيو معارضة هادئة للقانون في كلمته بـ **المؤتمر السنوي للأساقفة الفرنسيين** حين أوضح أن هناك زواج عقلاني يربط بين الأديان الثلاثة **والجمهورية العلمانية**، نوع من الرباط الذي لم يكن من السهل التوصل إليه ولكن تم ارساؤه مع الوقت وحذر الكاردينال من خطورة المساس بهذا الرباط، مطالباً بضرورة التريث قبل زج هذه العلاقة التي تعود إلى عام ١٩٠٥ عندما صدر قانون فصل الدين عن الدولة الي ما سماه: **خندق الحرب**، كما أشار الكاردينال إلي أهمية ان يستوعب المسلمون في فرنسا جوهر قانون الفصل بين الدين، والدولة وأنه لا يشكل تمييز ضد الإسلام كدين.

* عملية الإلهاء:

أما صحيفة **ليموند ديبلوماتيك** فتبنت استراتيجية مختلفة في التعامل مع الجدل الدائر حول القانون حيث يري آلان جريش رئيس تحرير الصحيفة أن الهدف من هذا الحوار الدائر هو إلهاء الفرنسيين عن قضايا اجتماعية أهم مشيرا إلي فشل الحكومة الفرنسية في اجراء اصلاحات حقيقية تحد من التدهور الاقتصادي والبطالة المتزايدة فيتساءل في مقال: هل بعض عشرات من الفتيات اللواتي يضعن الحجاب في المباني المدرسية هن اللواتي يهددن دستور العلمانية الفرنسية؟.

مسلمو أوروبا .. تشريح لأزمات الهوية والاندماج[25]

١٦ يناير ٢٠١٦

د. طارق دحروج

يمثل الوجود الإسلامى على الأراضى الأوروبية محصلة لموجات الهجرة خلال ستينيات القرن العشرين عندما شهدت القارة الأوروبية موجات مكثفة من الهجرة الاقتصادية قادمة من المستعمرات عقب حصولها على الاستقلال فى آسيا وإفريقيا جنوب الصحراء وشمال أفريقيا. وينحصر التشريح الإثنى والاجتماعى للجاليات الإسلامية فى أوروبا إلى ثلاث مجموعات رئيسية: الأولى هى الجالية المغاربية ولا سيما المكون المغربى فيها (المملكة المغربية) الحاضر فى عدد من البلدان الأوروبية وعلى رأسها فرنسا وبلجيكا. هذا فضلاً عن المكون التركى الموجود فى عدد من دول الاتحاد الأوروبى وعلى رأسها

---

(٢٥) موقع جريدة الأهرام القاهرية – الرابط:
http://www.ahram.org.eg/NewsQ/468966.aspx

ألمانيا. وأخيراً المكون الباكستاني – الهندي الموجود بشكل أساسى فى بريطانيا.

يضاف إلى ذلك، حضور إسلامى أقل عدداً وكثافة ممثل فى اسلام المشرق العربى (مصر – سوريا – العراق – لبنان) موزع على عدد من الدول الأوروبية، وكذلك الجالية الأندونيسية فى هولندا والجالية المنتمية لإفريقيا جنوب الصحراء الموزعة على فرنسا وبلجيكا وإيطاليا وأخيراً مسلمو يوغوسلافيا السابقة الذين يتخذون من ألمانيا مجتمع مهجر رئيسي.

ووفقاً للإحصائيات المتاحة، فإن هناك فى الوقت الراهن ما بين ١٣ و١٦ مليون مسلم بدول الاتحاد الأوروبى ويأتى أكبر وجود من حيث العدد فى فرنسا (٥ – ٦ مليون نسمة)، تليها ألمانيا (٣.٥ – ٤ مليون نسمة) وأخيراً بريطانيا (١.٥ – ٢ مليون نسمة)، مما جعل من الإسلام الديانة الثانية فى أوروبا بعد الكاثوليكية.

وقد مر الوجود الإسلامى على الأراضى الأوروبية بمرحلتين رئيسيتين: مرحلة **"الإسلام الهادىء"** منذ الستينيات وحتى أواخر الثمانينيات، حيث كان ينظر إلى المسلمين المهاجرين باعتبارهم عمالاً مؤقتين، ولم تكن قضية الهوية قد برزت بعد على سطح الأحداث.

أما المرحلة الثانية التى بدأت عام ١٩٨٩ "المستمرة حتى الآن – فيطلق عليها الباحثون الأوروبيون مرحلة **"إسلام الأزمات"** والتى تمثلت فى حدثين رئيسيين الأول أزمة سلمان رشدى فى بريطانيا على خلفية فتوى

الخمينى التى أحل فيها دمه بسبب كتاب: "آيات شيطانية"، وكانت أول صدام حقيقى بين الاسلام والثقافة الأوروبية فى ضوء الصراع بين قضية حرية التعبير فى أوروبا وبين المسلمات الدينية غير القابلة للنقاش لدى المسلمين.

أما الأزمة الثانية فتمثلت فى أزمة الحجاب الإسلامى التى اندلعت فى فرنسا بسبب منع طالبتين محجبتين من حضور الفصول الدراسية بسبب تناقض الحجاب مع مباديء **العلمانية الفرنسية**، وكانت بمثابة البداية الحقيقية لصراع الهوية بين المسلمين والمجتمعات الأوروبية.

كما تتابعت الأزمات اللاحقة والمتمثلة فى **أزمة الرسوم المسيئة** للرسول عام ٢٠٠٥ وأزمة منع الرسوم الدينية فى المؤسسات الرسمية الفرنسية عام ٢٠٠٤، فضلاً عن عدد من الأحداث الإرهابية على المستويين الدولى والأوروبى على رأسها **أحداث ١١ سبتمبر وتفجيرات مدريد ٢٠٠٤ ولندن ٢٠٠٥** حيث أسهمت فى توتر العلاقة بين المسلمين والسلطات الأوروبية التى بدأت تركز على الجانب الأمنى لقضية الهجرة والاندماج. وذلك فى الوقت الذى تركزت فيه تحركات مسلمى أوروبا على إبراز هويتهم والخروج بها من الفضاء الفردى إلى الفضاء العام مثل التركيز على بناء المساجد ووضح الحجاب، وذلك فى الوقت الذى تنتهج فيه تلك المجتمعات مبدأ الحياد الدينى الذى يبقى الفعل الدينى فى الإطار الفردى فقط، وذلك عكس حالة الاسلام الذى يمثل نمط حياة سواء على المستوى الفردى أو الجماعي.

ارتباطاً بذلك، فإن صعود الهوية الإسلامية لأبناء الجيلين الثانى والثالث على سطح الأحداث، جاء متناقضاً مع الثقافة الأوروبية التى تنتهج

مبادئ الحياد الدينى والفصل بين الدين والدولة فى أوروبا (العلمانية فى المفهوم العربى الشائع) بما يعنى أن الدين توقف عن لعب دور المحرك للتقدم السياسى والاجتماعى مما أدى إلى خروج الدين أو "**المقدس**" من إلاطار العام ليبقى فى الإطار الفردى الخاص. كما أن هناك قاسماً مشتركاً أوروبياً يتمثل فى إتاحة الحرية الدينية لكافة الديانات بضوابط محددة بما فى ذلك حرية اعتناق الديانة أو تغييرها، ولكن بشرط ألا يتعارض ذلك مع القيم الأساسية الأوروبية وبما لا يؤثر على النظام العام وحرية الآخرين.

وبالتالي، فإن القيود الأوروبية ليست مفروضة على اعتناق الديانة ولكن على وسائل التعبير عنها (بناء المساجد – الحجاب) وكذلك فى حالة تعارض بعض النصوص الدينية مع القيم الأوروبية كما فى حالة تعدد الزوجات فى الإسلام.

فى هذا السياق، فإن حضور الإسلام فى أنحاء أوروبا أثار جدلاً حول طبيعة: "**الثقافة العلمانية السائدة**" وطرح تساؤلات حول مستقبل المجتمعات الأوروبية فى ظل انتهاج مبدأ الفصل بين الدين والدولة، فى وقت تتمثل فيه معضلة الاسلام فى كونه مرئياً فى الفضاء العام، سواءً ما يتعلق ببناء المساجد أو وضع الحجاب أو مطالبة المسلمين بتخصيص مقابر اسلامية وهى كلها أمور ترسخ الاختلاف فى مواجهة وضع سائد فى أوروبا حيث تحول الأمر إلى صراع بين ثقافة الأغلبية وثقافة الأقلية.

ينبغى كذلك التنويه إلى أن إشكالية الهوية والاندماج الإسلامى فى أوروبا يعود فى جزء غير مباشر منه إلى علاقة المجتمعات الأوروبية بدول المنبع

للهجرة التى تحاول السيطرة على جالياتها المهاجرة بالتشديد على النموذج الدينى الوطنى للحؤول دون بروز تيار فكرى أكثر انفتاحاً على النسق الأوروبى فى أوساط تلك الجاليات بما يمكن أن يؤدى إلى قطيعة مع النمط "**المستقر**" للإسلام بدول المنبع، وهو أمر من الطبيعى فى حالة حدوثه أن يكون له تداعيات على الأنظمة السياسية والمزاج الدينى العام السائد بدول المنبع.

كما أن هناك معضلة أخرى للاندماج وهى تلك المتعلقة بالصور الذهنية المتبادلة بين الجانبين، إذ نجد ميلاً فى أوساط عديدة داخل المجتمعات الأوروبية إلى الربط بين المسلمين وبين الأزمات والأحداث الإرهابية الجارية فى المنطقة العربية. وذلك فى الوقت الذى تسود فيه صورة ذهنية فى أوساط المسلمين بالمجتمعات الأوروبية تربط بين المواقف الأوروبية — الغربية تجاه الأحداث فى المنطقة العربية فى إطار النمط الاستعمارى (مستعمر — مستعمر) يغذى هاجس عدم المساواة بين المسلمين والأوروبيين وهو ما يؤثر بالسلب على رؤية المسلمين تجاه الاندماج.

ارتباطاً بذلك، فإن كلا الطرفين — المسلمين والمجتمعات الأوروبية — في معضلة مزدوجة ناتجة عن أن متطلبات الفصل بين الدين والدولة تمثل عائقاً ثقافياً بنفس القدر الذى يمثله تعارض الإسلام مع مباديء الحياد الدينى فى أوروبا وهو ما يعوق البدء فى مفاوضات حقيقية بين المسلمين والمجتمعات الأوروبية التى يتوجب عليها إتاحة الفرصة للمسلمين للتعبير عن أنفسهم بشكل كامل.

تحتم تلك المعضلات على مسلمى أوروبا، ولا سيما الأجيال الجديدة المضى فى صياغة خطاب سياسى يتماشى مع منهج الحياد الدينى السائد فى مجتمعات المهجر بما يمكن أن يسهم فى استهداف القوى المؤثرة لتلك المجتمعات وبخاصة فى أوساط الأجيال الأوروبية الجديدة. وهو الأمر الذى يمكن أن يدفع مسلمى أوروبا إلى التعامل مع **العلمانية الأوروبية** وفق منهج متعدد السرعات من زاوية التركيز على أنها تمثل فرصة للتعبير الديمقراطى وليس بمجرد عائق أمام الدين أو عدم الاعتراف به. وهو ما أدى فى وقت سابق إلى عدم توظيف مسلمى أوروبا لهامش الحرية المتاح فى أوروبا بالشكل المطلوب، من خلال الاكتفاء بالتعبير اللفظى والمعنوى مثل تنظيم المسيرات ونشر البيانات فى وقت تتيح فيه الحرية فى المجتمعات الأوروبية فرصة اقامة الجمعيات بعيداً عن التصنيف الإثنى بما يسمح بالوصول إلى الكتلة الأوروبية الصلبة باستخدام آلياتها بعيداً عن أى تصنيف دينى أو إثنى، بالإضافة إلى الانخراط التدريجى فى الأحزاب السياسية الأوروبية باستخدام المواطنة الأوروبية وليس فقط التصنيف الدينى أو الجغرافي.

غير أنه يمكن القول إننا لسنا أمام نموذج موحد للإسلام على الأراضى الأوروبية بل إننا أمام ثلاثة نماذج متباينة أولها الإسلام العربى بروافده المغاربية والمشرقية، والإسلام الآسيوى بروافده الباكستانية والهندية والأندونيسية والإسلام التركى الذى ينطبق عليه مفهوم الشتات DIASPORA وأخيراً جاليات متناثرة لا تمثل نموذجاً مستقلاً ممثلة فى مسلمى الشرق الأوروبى وإفريقيا، وهما نموذجان لا يمثلان تحدياً حقيقياً

للمجتمعات الأوروبية بقدر ما يمثله الاسلام العربى بالدرجة الأولى، في ظل تاريخ الصراع مع أوروبا على مدى قرون طويلة، جعلت الانماط الذهنية السائدة فى الوعى الشعبى الأوروبى منصبة على نموذج الإسلام العربى باعتباره محور المعضلة الرئيسية مع أوروبا.

ارتباطاً بذلك، شهدت أوروبا خلال السنوات الماضية . فى مواجهة بروز الهوية الإسلامية بمختلف توجهاتها لأبناء الجيلين الثانى والثالث من المهاجرين- تمدداً ثقافياً للهوية المسيحية لأوروبا وهو ما انعكس فى تصريحات سابقة للمستشارة الألمانية أنجيلا ميركل شددت فيها على أنه لا مكان لمن لا يقبل بالقيم المسيحية فضلاً عن الإشارة إلى مسيحية أوروبا مع كل حديث جدى عن انضمام محتمل لتركيا إلى عضوية الاتحاد الأوروبي. غير أنه ينبغى التنويه إلى أن التعبير الأوروبى عن الانتماء للمسيحية لا يعنى بأى حال ارتفاع معدل الإيمان الدينى أو الانتظام فى ممارسة الشعائر المسيحية وهو أمر يشهد انخفاضاً ملحوظاً فى أنحاء أوروبا، ولكن الأمر يتعلق فى نهاية الأمر بمرجعية ثقافية راسخة فى مواجهة ظهور المسلمين على سطح الأحداث فى أوروبا.

فى النهاية، يتعين على أوروبا المضى قدماً فى قبول الآخر المسلم حتى يكون هناك صيغة للتعددية الثقافية الأوروبية الحقيقية بما يجعل الأجيال الجديدة من مسلمى أوروبا قادرة على التعبير عن إيمانها بعيداً عن تبنى مواقف دفاعية، خاصة وأن معضلة الإسلام الأساسية تنبع من أنه مرئى فى الفضاء العام الأوروبى فضلاً عن كونه نمط حياة شاملا. ومن ثم فإن أولى خطوة لحل المعضلة تتمثل فى إدماج الإسلام فى الحياة الأوروبية وهو ما يحتم على

مسلمى أوروبا من جانبهم أن يجعلوا الإسلام قابلاً للتماشى مع القيم الأوروبية.

مسألة الهوية الفرنسيّة بين الحجاب والنّقاب(٢٦)

٢٠٠٩/١١/١٤

عماد الدّين الحمروني

في شهر أكتوبر ١٩٨٩ بدأت في فرنسا وهي تحتفل بمرور مئتي عام عن انتصار الثورة الفرنسيّة في ١٧٨٩ وإقامة الجمهوريّة تحت شعار: "**حريّة. أخوة. عدالة**" معركة الحجاب، حيث وقع طرد ثلاث فتيات مسلمات لم يتجاوزن الثالثة عشر عاماً لارتدائهم الحجاب.

مثّلت هذه المنازلة الكبرى والتي جاءت بعد أحداث الفتوى الشّهيرة للإمام الخميني قدّس سرّه الشّريف في حق المرتد البريطاني سلمان رشدي، بداية سقوط العلمانيّة في البلاد التّي نشأت فيها و سقوط حائط المبكى

---

(٢٦) شبكة الحوار نت التونسية – الرابط:

http://www.alhiwar.net/ShowNews.php?Tnd=18

87

اللاّئيكي وتزامن كلّ هذا مع سقوط حائط الإستكبار الرّأسمالي في برلين الشّرقيّة!

قاد هذه المنازلة من الطّرف الإسلامي في فرنسا المسلمون السّائرون على خط الإمام الخميني رضوان اللّه تعالى عليه ، بتسيير المظاهرات الجماهريّة الضخمة في أهمّ المدن الفرنسيّة والوقوف بقوّة أمام أعداء الحريّة والأخوة والمساوات وهي شعارات ترفعها النّخب الفرنسيّة وتعتزّبها بل وتناضل من أجلها!

ووقع رفع القضيّة أمام العدالة ومن ثمّ أمام أعلى مؤسّسة دستوريّة وهي "**مجلس الدّولة**" ومطالبة الجمهورية الفرنسيّة احترام دستورها وحفظ حريّة الأفراد الشخصيّة كما ينصّ عليها الدّستور.

وقع زلزال عظيم في فرنسا ما زالت آثاره بارزة إلى اليوم، فقد إهتزّ بيت العلمانيّة من القواعد! وتعرّت حقيقة الثّقافة الغربيّة وسقطت جميع إدّعاأتها. انقسم أبناء الجمهورية العلمانية ودبّ الخلاف بينهم، فمنهم من ساند قرار الطّرد على خلفيّة أن الحجاب رمز ديني قوي ومس بحقوق المرأة ومخالف للمواطنة ويضر بالعقد الاجتماعي ومنهم من عارض القرار، معتبرا أنّه يمسّ بالحريّة الفردية وبحق التّعليم لكلّ مواطن خصوصا الشّباب وعلى الدّولة قبول كلّ الطلاّب بدون تمييزعرقي أو ديني وأنّ المدرسة العلمانيّة قادرة على إحتواء هذه الظاهرة.

بعد جدل طويل أسقط مجلس الدّولة قرار الطّرد وأعتبره مخالف للدّستور وسمح للفتيات المسلمات العودة إلى المدرسة بالحجاب، إنّه نصر عظيم حقّقه المسلمون في ذلك العام، زاد من ثقة الشّباب المسلم في دينه وهويّته وأصبحت الثّقافة الإسلاميّة القائمة على أسس الإسلام المحمّدي الأصيل ندّاً جديّاً وعنيداً للثقافة العلمانية في فرنسا ومنذ ذلك حين عمل حكّام فرنسا على خطّين متوازيين لمحاصرتها:

١ — من خلال إتيانهم بشخصيّات ظاهرها إسلامي وتصويرهم للنّاس، أنّهم علماء دين ودعاة ومفكّرين إسلاميين معتدلين، وتمّ تشجيعهم على خلط الثّقافة الإسلاميّة بالأفكار الغربية على أساس أنّها **"إنسانية"** والدّعوة الصّريحة إلى علمنة الإسلام وجعله في خدمة العلمانية، من أمثال هؤلاء المخادعين أوالمخدوعين، محمد أركون، طارق رمضان، محمد الشرفي، صدّيقي، المؤدّب وغيرهم!

٢ — تشجيع الأفكار المتعصّبة، وخصوصاً **السّلفيّة الوهّابيّة** المقيتة داخل صفوف الشّباب المسلم المتعطّش لمعرفة دينه وهويّته الإسلاميّة على كامل التّراب الفرنسي، وخصوصاً شباب الضّواحي وكان للمال الخليجي الدور الأكبر في انتشار الغلوّ والتطرّف بين مسلمي فرنسا من الجيل الثّاني والثّالث، وتشويه صورة الإسلام والمسلمين.

عادت قوافل الماسونيّة وحلفائهم من **العرب الإنسلاخيين** كما يسمّيهم الأستاذ الطّالبي حفظه الله إلى إحياء مسألة الحجاب في سنة ١٩٩٤ عن طريق عرض مشروع قانون يمنع بموجبه إرتداء الحجاب في

٢٤٣

المدارس الحكوميّة! ومقدّم القرار هو المدير السّابق لمعهد "**كراي**" الذي طرد الفتيات الثلاث من المدرسة في سنة ١٩٨٩، والذي أصبح نائباً بالبرلمان الفرنسي! وعضو حزب شيراك!!

بعد أحداث الحادي عشر من سبتمبر ٢٠٠١ الإرهابيّة، أظهرت الحكومة الشّراكيّة شدّة كبيرة ضد المسلمين وخصوصاً فئة الشّباب، فإضافة للتمييز العنصري القوي داخل المؤسّسات الفرنسية وكثرة البطالة والإخفاق المدرسي الممنهج بين شباب فرنسا المسلم، وقع الضغط على رؤساء البلديّات لمنعهم إعطاء التّراخيص لبناء المساجد ورفض اعتبار **عيد الفطر وعيد الإضحى** أيّام عطل رسميّة، كما هي عليه أعياد الفرنسيين المسيحيّين!

من جهة، ومن جهة أخرى وقع فرض مجلس تمثيلي للمسلمين تشرف عليه وزارة الدّاخليّة، تحت سيطرة حلفاء وزير الدّاخليّة في ذلك الحين ورئيس الدولة اليوم ، نيكولا سركوزي وأهمّهم **اتّحاد الجمعيّات الإسلاميّة بفرنسا** وهم لا يمثّلون إلاّ مصالح فئوية وحزبيّة ضيّقة لا علاقة لها بمسلمي فرنسا!!

هذه الخطوات، وعلى امتداد أكثر من عشر سنوات، مهّدت لإصدار قانون يمنع ارتداء الحجاب في المدارس العامّة في شهر مارس من سنة ٢٠٠٤ وتمّ العمل به في شهر أكتوبر من نفس العام، لم تسطع هيئات المسلمين المتخاذلة أن تقف بوجه هذا القانون الغير دستوري والذي يظهر عنصرية وجاهليّة النّخب العلمانيّة، يمثّل هذا القانون الوجه الاستعماري لفرنسا العلمانية.

منذ أكثر من مئتي عام تخوض **العلمانيّة الفرنسيّة** حرباً شاملة على الثّقافة والهويّة الإسلاميّة، وعلى كل من يحمل ثقافة الصّمود والمقاومة، ثقافة الإسلام المحمّدي الأصيل، التي توارثتها الأجيال في بلاد الشّمال الإفريقي المسلم من الأمير عبد القادر والأمير عبد الكريم الخطّابي والشيخ ماء العينين والشيخ علي بن خليفة ورواد الحركة الوطنية في منطقتنا، لا تقلّ خطورة هذه الحرب عن حرب الولايات المتّحدة الأمركيّة.

اليوم وبعد عشرون عاماً من مسألة الحجاب، نشهد واقعة النّقاب ومن المضحكات المبكيات، أن فرنسا الديمقراطيّة كما يظنّون! تستنجد بأنظمة ديكتاتوريّة مستبدّة لتبرير جرائمها الدّستوريّة، فهي استنجدت في معركة الحجاب بملك المغرب الأقصى في ذلك الحين الحسن الثاني، الذي هدّد وتوعّد، حتّى أنّه أرسل سفيره إلى والد فاطمة وسامية لدفعه لقبول رجوع بناته إلى المدرسة بدون حجاب!!!

واليوم تستنجد فرنسا المتحضّرة بأزهر مبارك، فيطلع علينا شيخ الأزهر بفتوى منع النّقاب ويشنّ حملة إعلامية واسعة، وهي إحدى هدايا مبارك لعلمانيّي فرنسا ليقبلوا بتوريث إبنه حكم مصر!!

لقد أسقط حجاب المرأة المسلمة ونقابها كلّ الأقنعة والإدّعات المخادعة التّي تتمترس بها الهويّة الماديّة الماسونيّة للنخب الفرنسيّة ومن تدثّر بردائها من العرب والمسلمين.

إنّ الخلاف العميق بين الثّقافة الإسلاميّة والثّقافة **العلمانيّة الفرنسية** لا يسمح للإلتقاء والتّصالح، إنّها مواجهة مستمرّة.

إنّ ظهور كيان إسلامي داخل الجغرافيا الفرنسية، رغم ضعفه المادي والاجتماعي وافتقاده لرافد وداعم يخدم مصالح الإسلام والمسلمين، هو بداية نهاية الماديّة الإلحاديّة الغربيّة وإفلاس النّظام الدّيمقراطي الرّأسمالي، لأنّ القيم والأخلاق والمبادئ التي يدعوا إليها الإسلام هي نقيض ما تدعوا إليه الماديّة الغربيّة، لقد ولّى زمن الهزائم وجاء زمن الانتصارات، لقد استطاعت الثّقافة المحمّديّة أخذ زمام المبادرة وجعل الثقافة الغربيّة في موقع المدافع وموقع ردّة الفعل.

"والعصر إنّ الإنسان لفي خسر إلاّ الّذين آمنوا وعملوا الصّالحات وتواصوا بالحقّ وتواصوا بالصّبر".

عولمة المطاعم الفرنسية(^{٢٧})

صالح الطائي

٢٠ /٢/ ٢٠١٠ - رقم العدد: ١٣٢٣

تحت عنوان: "**عمدة فرنسي يقاضي مطعماً لا يقدم إلا اللحم الحلال**" نشرت وكالة أنباء (BBC) العربي على موقعها يوم الجمعة ٢٠١٠/٢/١٩ موضوعاً يتحدث عن غضب وأمتعاض السيد (فانديريندونك) رئيس بلدية مدينة (روبيه) والمنتمي **للحزب الاشتراكي الفرنسي** من سلسلة مطاعم (كويك) البلجيكية للوجبات السريعة التي تقدم اللحم المذبوح على الطريقة الإسلامية حصرياً في ثمانية فروع تابعة لسلسلتها في هذه المدينة التي تتميز بكثافتها السكانية الإسلامية. وقيامه برفع دعوى

(^{٢٧}) موقع جريدة المثقف العراقية – الرابط:

http://www.almothaqaf.com/index.php?option=com_co

ntent&view=article&id=11081&catid=207&Itemid=57

قضائية ضد هذه المطاعم لدى السلطات القضائية الفرنسية. ويذكر أن فروع مطاعم "**كويك**" الشهيرة منتشرة في عدة بلدان أوروبية منها فرنسا وبلجيكا وهي تنافس اكبر مطاعم الوجبات السريعة هناك مثل: "**برجر كنج**" و"**ماك دونالدز**".

ورغم أن هذه اللحوم التي يدعون أنها مذبوحة وفق الطريقة الإسلامية لا تمتاز عن باقي اللحوم الفرنسية بشيء سوى بطريقة ذبح الحيوان، هذا إن صح أنهم يلتزمون حرفياً بشرائط الذباحة، إلا أن السيد العمدة اعتبر هذا السلوك عملاً مشيناً مخالفاً لنهج العلمانية الفرنسي لأنه كما يدعي: "**من غير المقبول استثناء خيارات لا ترضي إلا أذواق المسلمين مستثنية غير المسلمين من حساباتها**"، ولذا أعلن للصحافة أنه يطالب الفروع الثمانية بتقديم عدة خيارات "**تستجيب لأذواق أوسع شريحة ممكنة من الزبائن**"، وكأن أذواق المسلمين الفرنسيين تختلف عن غيرهم!

إن سبب المشكلة الحقيقي هو قيام فروع المطعم الثمانية في المدينة في شهر تشرين الأول الماضي باستبدال شرائح "**البيكن**" المعمولة من لحم الخنزير بشرائح معمولة من لحم البقر المدخن، تزامناً مع النمو المتسارع لسوق المنتجات الحلال في فرنسا وتهافت الشباب على هذه الأسواق الذي يدل على أنهم لم يستوعبوا الثقافة **الفرنسية العلمانية** بعد، وكأنهم يعتزون بأصولهم الإسلامية ويتمسكون بها، وبالتالي يبدون غير مستعدين للاندماج بالمجتمع الفرنسي!

من الناحية العقلانية لا يوجد مبرر لهذه الثورة الغاضبة لأن هذا العمل بحد ذاته لا يؤثر على سير **العلمانية الفرنسية**، بقدر ما فيه من تأكيد على تمايز الأذواق، هذا الأمر المشروع الذي لا يتعارض مع أي قيم مجتمعية ما دام يسير وفق سنن المجتمع. إن المطاعم التي يمتاز مالكوها بالخبرة التجارية ويبحثون عن فرص توفر لهم الحد الأعلى من الربح في حرب المنافسة التي يخوضونها ضد المطاعم الأخرى استغلوا هذا التمايز لتحقيق المرابح. وهذه المطاعم عادة ليست إسلامية ولا يملكها إسلاميون بل فرنسيون مسيحيين امتهنوا تجارة المواد الغذائية ويحلمون بتحقيق الربح الوفير، ولاسيما أن عدد المسلمين في فرنسا تجاوز الخمسة ملايين، وهو رقم ليس هيناً، ويمكن أن يحقق لمن يستغله مكاسب ليست في الحسبان. وهو ما أكده (عباس بندلي) مدير التسويق لدى شركة **"سوليس"** الباريسية بقوله: **"إن قرار "كويك"**

ليس إلا محاولة تجارية لمنافسة المطاعم الصغيرة الأخرى التي أصبحت منتشرة بكثرة والتي تقدم لحم الحلال استجابة لمتطلبات ٥.٥ مليون مسلم يعيشون في فرنسا، والشركات الكبيرة أصبحت تدرك حجم المستهلكين المسلمين ونمو عددهم عاماً بعد عام".

ولكن الفرنسيين المشهورين بتحسسهم الكبير من الرموز الدينية عامة والإسلامية خاصة اعتبروا هذا التصرف منافياً لمباديء **الجمهورية الفرنسية** حيث نقلت الوكالة عن وزير الزراعة الفرنسي (برونو لومير) قوله لصحيفة **"الفيجارو: "إن حجب كل ما ليس حلال من مطاعم مفتوحة للعامة**

يجعلها تميز على أساس طائفي أو ديني وهذا يتنافى مع مبادئ الجمهورية الفرنسية".

إن هذه الأعمال الاستفزازية رغم بساطتها تدل على أن العولمة وصلت اليوم إلى مرحلة متقدمة في طريق سيرورتها وأصبحت لها يد طولى التي تتحكم بواسطتها في مقاليد الأمور في العالم كله، واهتمام الغربيين بهذه الفرعيات البسيطة يدل على أنهم عازمون على التدخل في كافة مفاصل الحياة وفي أدق شعيراتها ليس في مجتمعاتهم ودولهم فحسب وإنما في العالم كله، أي أننا سنجد أنفسنا في القريب العاجل محكومون بإكراهات العولمة وسطوتها بحيث لا نستطيع التحكم حتى بطريقة نشأة أبنائنا أو طرائق تدريس المواد في مدارسنا وجامعاتنا أو في طريقة نشأة بناتنا وأسرنا.

إن هذا العمل يأتي ضمن سلسلة من الأعمال الاستفزازية التي تقوم بها الدول الأوربية ضد الإسلام والمسلمين سواء بمنع الحجاب أو بمنع بناء مآذن للمساجد أو بمنع التعليم الديني أو بتشجيع الفتيات المسلمات على التخلي عن عوائلهن والالتحاق بالمؤسسات الغربية أو بمنع ترجمة القرآن أو بنشر الصور المسيئة وحتى بالمحاربة العلني لكل ما هو إسلامي.

وبالمحصلة، أرى أننا شعوبا وبلدانا أصبحنا أمام خيار صعب وتحد حقيقي كبير جداً لا قدرة لأي منا على مواجهته بمفرده، مما يستوجب منا التفكير جدياً بطرائق جديدة للتواصل البيني سواء كان سياسياً أو تجارياً أو صناعياً، لكي نصبح كتلة لها قدرة التصدي وفرض الرأي، وإلا فإن عجلة

العولمة سوف تسحقنا وتشوه كل ما نقدسه ونعتز به ونحن لا حول لنا ولا قوة.

ولكن هل من سامع ومجيب أم أن قياداتنا الدينية والمدنية أموات لن يسمعوا مهما علت الأصوات لتصدق مقولة (ولقد أسمعت لو ناديت حياً).

فهرس المحتويات